La pensée positive

3.0

Paradigme des Possibles

La pensée positive

3.0

Avertissement

Veuillez noter que les informations contenues dans ce livre sont uniquement destinées à des fins éducatives et de divertissement.

L'auteur a fait tous les efforts nécessaires pour présenter des informations exactes, à jour et fiables.

Le lecteur reconnaît que l'auteur ne s'engage pas à fournir des conseils médicaux ou professionnels.

En lisant ce document, le lecteur accepte qu'en aucun cas l'auteur ne soit responsable des pertes, directes ou indirectes, qui sont encourues suite à l'utilisation des informations contenues dans ce document, y compris, mais sans s'y limiter, les erreurs, omissions ou inexactitudes.

Sommaire

SOMMAIRE

Introduction

Alors que je songeais à l'écriture de ce livre, puis alors même que j'en entamais la rédaction, je me demandais si je parviendrais à être et maintenir ce bel état d'énergie positive que j'avais envie de vivre et partager avec vous, et je me demandais si je parviendrais à véhiculer jusqu'à vous ces belles ondes de positivisme, de joie, de bonheur tel que je le souhaitais et l'envisageais.

Au cours des mois qui se sont écoulés et durant lesquels je m'activais à la rédaction de cet ouvrage, j'ai eu plusieurs maux du corps, certes bénins en soi, mais toutefois suffisants pour me bousculer de manière importante, m'obligeant à demeurer alitée durant plusieurs jours, à demeurer incapable de manger (je n'avais d'ailleurs pas faim) et induisant que mon corps s'en retrouva extrêmement affaibli… D'ailleurs, en période de pleine pandémie, je m'étais dit qu'il ne fallait pas que le virus passe par là durant cette période, car il aurait terminé de m'achever !

Il m'aura fallu du temps pour que mon corps parvienne à remonter la pente, que mon esprit et mon énergie rejoignent un niveau plus élevé et plus en accord avec qui je suis et qui je veux être. La pensée positive m'y a aidée, associée à un régime de vie approprié (notamment l'alimentation, le yoga, la méditation), même s'il m'aura fallu un peu de temps pour remonter la pente; les réserves de mon corps ayant été particulièrement épuisées et ma pensée et ma motivation en ayant été également affectée.

D'ailleurs, je constate qu'il est plus difficile de remonter la pente lorsque notre énergie est bien affaiblie, qu'il ne l'est de la maintenir lorsqu'elle est à un niveau plus élevé.

Un petit choc (émotionnel, physique…), un petit « grain de sable » dans les rouages de notre vie, de nos habitudes… peuvent avoir tendance à faire baisser notre énergie de manière significative et ceci très rapidement… Et il peut s'avérer compliqué ensuite de remonter la pente et retrouver un niveau plus élevé et plus en phase avec notre énergie habituelle.

Dans cet ouvrage, j'espère réussir à vous partager l'intérêt et la valeur de la pensée positive, ainsi que ses multiples bienfaits sur d'innombrables domaines de notre vie.

Les diverses études scientifiques qui vous seront présentées au travers de ce livre ont pour objectif de vous démontrer que la pensée positive n'est pas un mythe sans fondement aucun… Les bienfaits de cette dernière sur notre vie et l'ensemble de ses composantes ont fait l'objet de nombreuses études et sont prouvés par la science.

Serais-je habitée de la même belle énergie positive tout au long du processus de rédaction de cet ouvrage ? Parviendrai-je à partager ce positivisme et cette belle dynamique avec vous ?…

Je le découvrirai lorsque j'aurai achevé l'écriture de ce livre, et surtout via la lecture des commentaires que vous voudrez bien me partager en retour (que ce soit sur le site d'achat de l'ouvrage, ou en me contactant à contact@paradigmedespossibles.com).

En attendant, nous allons commencer ce *beau* voyage ensemble…

Le bonheur n'est pas un évènement, c'est une aptitude.

François de la Rochefoucauld

La puissance de l'esprit : études scientifiques

Le fonctionnement du cerveau, le pouvoir de l'esprit et de la pensée, intéressent, intriguent et fascinent le monde des philosophes, des artistes, des scientifiques… depuis bien des temps.

Il apparaît difficile d'aborder un livre traitant de la pensée positive sans évoquer le nom d'Émile Coué.

Émile Coué de La Châtaigneraie, (1857-1926), était un psychologue et pharmacien français né à Troyes.

Sa méthode – devenue célèbre - stipule que l'imagination - bien davantage que la volonté - détermine nos actes.

La méthode Coué – et vous la connaissez très probablement - prévoit de se répéter plusieurs fois par jour la phrase suivante :

« Tous les jours, à tous points de vue, je vais de mieux en mieux »

Si cette méthode semble beaucoup mieux appliquée aux Etats-Unis où la renommée d'Émile Coué n'est plus à faire et a trouvé toute sa validité, il apparaît que cette dernière soit tombée quelque peu en désuétude en France car le Français n'y associe plus tous les préceptes qu'avait partagés Émile Coué au travers de sa méthode. Et d'ailleurs, de nombreux chercheurs tendent désormais aujourd'hui de permettre à cette méthode d'accéder pleinement aux titres de noblesse qu'elle mérite.

En effet, Émile Coué ne suggérait pas de répéter « bêtement » si l'on peut dire, cette phrase célèbre mais incitait au contraire la personne qui l'évoquait à visualiser les images qui – pour elle -

pouvaient confirmer cette phrase, à les ressentir au travers de ses sensations et à vivre les émotions qui y étaient associées.

La méthode d'Émile Coué n'est pas dénuée d'études et démarches scientifiques. Émile Coué a en effet réalisé de multiples expériences, certaines préconisant uniquement la prise d'un traitement médicamenteux, d'autres associant la prise médicamenteuse à la répétition de cette phrase, d'autres encore associant l'utilisation d'un placebo avec la répétition - ou non - de cette même phrase, pour parvenir finalement à l'utilisation unique de cette simple phrase pour agir et guérir sur le corps sans association d'un traitement chimique (qu'il soit médicamenteux ou non).

C'est ainsi qu'Émile Coué - au travers de ses multiples expériences - est parvenu à prouver l'effet indubitable de l'utilisation et de la répétition de sa phrase positive célèbre sur la guérison de la maladie. La répétition de cette phrase se doit pour être efficace - rappelons-le – d'être associée à la visualisation d'images et au ressenti de sensations et d'émotions en cohérence avec cette dernière.

Ensuite, au 20ème siècle, et notamment dès 1952, le docteur Norman Vincent Peale s'est penché sur la puissance de la pensée, ouvrant alors la voie à un courant que l'on appellera la pensée positive.

Il sera alors suivi par d'autres chercheurs, qui réaliseront des expériences en vue de déterminer l'impact de la pensée sur le bien-être et la santé d'autrui.

De multiples études et recherches scientifiques ont été menées en vue d'observer les impacts de la pensée positive sur le corps, l'esprit, les émotions et les comportements.

J'en citerai certaines, et dans ce chapitre introductif au livre, j'en présenterai quelques-unes de manière un peu plus approfondie.

Nous pouvons citer par exemple une étude réalisée en 2003 par l'université du Wisconsin aux États-Unis et ayant étudié l'impact de la pensée positive sur le système immunitaire.

Dans le cadre de cette étude, 52 personnes âgées de 57 à 60 ans ont été vaccinées contre la grippe. Avant la vaccination, les participants avaient toutefois été invités à se remémorer un souvenir ; positif pour certains, négatif pour d'autres et en avaient retranscrit par écrit tous les détails.

Des mesures et examens relatifs au niveau d'anticorps présents dans le corps de chaque participant ont été effectués six mois après la vaccination. Les personnes qui avaient davantage émis de pensées positives avaient généré davantage d'anticorps que les autres. Il faut savoir que lorsque l'on émet des pensées et émotions positives, nous sollicitons notre cortex préfrontal gauche. Ce faisant, notre organisme va générer davantage de globules blancs, ce qui va renforcer notre système immunitaire.

Pour reprendre la citation de Voltaire « j'ai décidé d'être heureux parce que c'est bon pour la santé. »

Et c'est effectivement ce que Danner, Snowdon est Friesen ont tenté de démontrer lors de leur célèbre étude de 2001 « Nun study ».

Dans cette étude les chercheurs ont étudié les lettres de motivation de cent quatre-vingts postulantes à l'entrée d'un couvent américain.

Ils ont confié à deux juges - non mis dans la confidence - la mission de classer et catégoriser chaque mot de chaque lettre en trois catégories différentes à savoir les mots exprimant des émotions neutres, les mots exprimant des émotions négatives et finalement les mots exprimant des émotions positives.

Les chercheurs ont ensuite classifié les personnalités de ces mêmes religieuses en fonction du fait qu'elles avaient exprimé peu ou beaucoup d'émotions positives.

Ils ont alors pu constater que si toutes avaient atteint voire dépassé l'âge de 75 ans, l'écart se creusait ensuite parmi celles qui avaient atteint l'âge de 85 ans, puis encore davantage parmi celles qui avaient vécu jusqu'à l'âge de 95 ans et au-delà.

On retrouvait une proportion plus importante de religieuses ayant émis beaucoup d'émotions positives parmi les religieuses vivantes à l'âge de 85 ans, et cette proportion s'accentuait encore davantage à l'âge de 95 ans.

Ainsi la moyenne d'âge des postulantes qui avaient exprimé des émotions positives dans leur lettre de motivation montrait-elle une durée de vie nettement supérieure à la moyenne d'âge de leurs consoeurs ayant exprimé peu voire pas d'émotions positives.

Dans une étude de Schwartz et Strack de 1991, Norbert

Schwarz et ses collaborateurs ont étudié les effets de l'humeur sur le sentiment de satisfaction.

De cette étude, ils en ont déduit que l'humeur dans laquelle nous sommes détermine entre 41 et 53% de notre sentiment de satisfaction.

C'est dire à quel point notre humeur impact notre propension au bonheur et l'importance que nous devons y accorder au quotidien, et dans la mesure de notre possible, à chaque instant qui passe.

> *« Si vous voulez que la vie vous sourie, apportez-lui d'abord votre bonne humeur.»*
>
> Baruch Spinoza

Il est également intéressant d'évoquer les études sur le neurofeedback. Le neurofeedback consiste à essayer d'agir de manière volontaire sur certains rythmes cérébraux.
Le neurofeedback est une méthode consistant à montrer au patient le résultat de ses réactions et visant à le pousser à réagir différemment. Ainsi le patient est attentif à ses réactions problématiques et tente de se corriger en toute autonomie par le seul pouvoir de sa volonté.

De nombreuses études en neurofeedback existent. Certaines d'entre elles ont été réalisées sur des personnes souffrant de maladies (Parkinson, épilepsie…). Nous pouvons à ce sujet citer les expériences réalisées par Vincent J. Monastra, docteur et directeur de clinique.

Vincent J. Monastra a mené une expérience sur un panel de 100 jeunes souffrant de troubles de l'attention durant une période d'un an. A l'issue de cette expérience de neurofeedback, plus de la moitié de ces jeunes parvenait alors à s'abstenir de traitement médicamenteux. Quant aux autres jeunes concernés par l'expérience, ils avaient réussi à diminuer leur prise médicamenteuse de manière significative.

Les études de Barry Sterman réalisées dans les années 1970 prouvent également l'impact et la puissance du neurofeedback dans la diminution des crises épileptiques.

L'approche du neurofeedback a d'ailleurs été utilisée auprès de vétérans de guerre américains en vue de les accompagner et réduire leurs états de stress post-traumatiques.

Mais si le cerveau et la puissance de l'esprit continuent de fasciner à ce jour nombre de scientifiques, ils sont loin de nous avoir livré tous leurs secrets, et de multiples découvertes sont encore à envisager dans le futur.

Prendre conscience de notre propre capacité à agir sur notre cerveau, notre corps, nos comportements par la puissance de notre esprit, est la première marche sur l'escalier qui nous mènera vers notre nouvelle vie, empreinte de positivisme et de joie.

Mettons la pensée positive dans notre vie et donnons à notre existence la direction du bonheur.

Une des choses les plus importantes qui soient est l'art de vivre.

Jiddu Krishnamurti

Les conséquences des pensées négatives et les bénéfices de la pensée positive

Joanne Wood, professeur de psychologie à l'Université de Waterloo (Canada), a étudié l'impact de la pensée positive.

De ces différentes recherches et études, elle a déduit que les messages positifs que les gens tentent d'intégrer sans réellement y adhérer ont souvent un impact négatif sur eux-mêmes.

En effet, chez les personnes souffrant de manque de confiance, voire de mésestime, les impacts de la « pensée positive » appliquée sans adhésion complète (j'y crois un peu, mais au fond pas vraiment. Je me contente de répéter des phrases, mais je ne ressens pas les douces et chaleureuses émotions et sensations que je pourrais y associer) font que la « pensée positive » n'induira pas l'impact positif escompté voire aura un impact négatif, renforçant probablement au passage le sentiment de mésestime de ces personnes.

Ainsi, vous l'aurez probablement compris, mais il est très important que je le souligne, lorsque j'évoque la pensée positive il ne s'agit pas d'évoquer purement et simplement la répétition automatisée de phrases et affirmations positives, mais bien d'y associer l'ensemble des composantes qui permettent d'en assurer d'efficacité et la réalisation de tous ses bienfaits, à savoir, au risque de me répéter, mais ces composantes m'apparaissent essentielles ; la visualisation, les sensations physiques et les émotions.

Plus vous êtes confiant dans vos pensées, vos émotions, vos sensations… des bienfaits de la phrase positive que vous répétez et du fait que cette dernière devient votre réalité, plus les bénéfices de la pensée positive pourront effectivement se confirmer dans votre vie et devenir votre nouvelle réalité.

Autrefois, les psychologues se concentraient essentiellement sur les émotions et sentiments négatifs. Ils ne s'intéressaient et ne prenaient en compte les émotions et sentiments positifs que dans l'optique de constater une absence de dépression.

Barbara Fredrickson, célèbre professeur de psychologie à l'université de Caroline du Nord, est une spécialiste des émotions positives. Elle a mis en évidence au travers de ces travaux le fait que les émotions négatives limitent un individu dans ses capacités à faire face à une problématique. Deux possibilités seulement s'offrent alors à la personne, consistant soit à fuir le problème, soit à l'affronter. Les émotions négatives vont affecter et réduire notre champ des possibilités. C'est un peu comme si nous portions des œillères qui restreignent nos possibilités de choix. Les pensées négatives nous contraignent à avancer sur des chemins et selon des schémas qui ne nous correspondent pas forcément.

Au contraire, alors que la pensée négative restreint et annihile nos capacités d'accès aux fonctionnalités cognitives de notre cerveau, la pensée positive nous ouvre le choix des possibles et nous permet d'accéder à toutes les fonctionnalités cognitives de notre cerveau et donc d'effectuer des prises de décisions et choix beaucoup plus centrés et alignés. La pensée positive nous permet d'accéder à une palette de possibilités et de choix beaucoup plus vastes.

D'ailleurs, la théorie développée par Barbara Fredrickson et qui s'appelle « broaden and build » - ce qui signifie élargir et construire - montre bien que la puissance de la pensée positive ne se limite pas au bien être de l'individu mais lui permet d'accéder à un véritable épanouissement et développement de son pouvoir personnel.

Sa théorie évoque le fait que lorsque l'on est dans un état émotionnel positif, ce dernier nous permet d'accéder à l'ensemble de nos capacités et potentialités qu'elles soient d'ordre intellectuel, émotionnel, qu'il s'agisse de créativité ou autre... nous avons alors accès à notre plein potentiel et pouvons l'exprimer lors de nos choix et prises de décisions. Nous sommes alors en capacité de trouver des idées et solutions originales à nos problématiques, alors même qu'un état émotionnel négatif nous restreindrait l'ensemble de ces accès.

La pensée positive, par l'état émotionnel positif, qu'elle induit, va permettre à l'individu d'accéder à l'intégralité de ses potentialités lors de choix, de prises de décisions... mais va également impacter l'ensemble des composantes de sa vie qu'il s'agisse de sa santé de ses relations familiales, professionnelles, amicales, de la réaction à son environnement...

De nombreuses études montrent que le niveau de bonheur ne croît pas avec le niveau de richesse financière. En effet les différentes études réalisées montrent que le niveau de bonheur ne s'est pas accru en corrélation avec l'augmentation du niveau de vie des pays occidentaux voire aurait régressé depuis quelques dizaines d'années

C'est ce que l'on appelle le *paradoxe d'Easterbrook*, traité par Gregg Easterbrook dans son livre, « The progress paradox ».

On peut ainsi facilement affirmer que le bonheur ne vient pas de l'extérieur ; il ne vient pas de la richesse matérielle ni de la richesse financière... mais il vient de l'Intérieur, de notre capacité à apprécier les petites choses de notre quotidien, à apprécier notre vie, trouver un sens à cette dernière pour nous sentir véritablement heureux.

Certes l'environnement extérieur peut contribuer à notre bonheur mais il nous appartient de trouver ce bonheur en nous et de savoir comment le générer, l'apprécier pour faire face aux différentes difficultés de la vie, ceci passant en grande partie par la pensée positive.

Nous aborderons la puissance de la pensée sur le corps, sur les émotions et sur l'environnement social, mais voici tout d'abord un petit condensé visant à vous booster sur la voie de la pensée positive !

Fais de ta vie un rêve, et d'un rêve, une réalité.

Antoine de St Exupery

@Paradigmedespossibles

A retenir :

- Il est nécessaire d'adhérer pleinement au processus de pensée positive (je pense, je visualise, je ressens sensations physiques et émotions) pour en ressentir pleinement les effets bénéfiques.

- La pensée positive nous ouvre le choix des possibles et nous permet d'effectuer des prises de décisions et choix beaucoup plus centrés et alignés.

- La pensée positive nous permet d'accéder à une palette de possibilités et de choix beaucoup plus vastes.

- Elle nous permet d'atteindre un véritable épanouissement et développement de notre pouvoir personnel.

- Nous sommes alors en capacité de trouver des idées et solutions originales à nos problématiques.

- Nous sommes en mesure d'accéder à l'intégralité de nos potentialités lors de choix, de prises de décisions...

- La pensée positive impacte l'ensemble des composantes de notre vie : santé, relations familiales, professionnelles, amicales, notre réaction à l'environnement...

- Notre propension au bonheur provient de nous-même et donc de notre Être Intérieur, et non de l'environnement extérieur. **Nous sommes les maîtres de notre bonheur !**

Le plaisir se ramasse,
la joie se cueille
et le bonheur se cultive.

Bouddha

Sur le corps

> **« *J'ai décidé d'être heureux parce que c'est bon pour la santé.* »** Voltaire

Au début de cet ouvrage j'ai partagé quelques expériences et études scientifiques qui ont prouvé les bienfaits de la pensée positive sur le corps. Nous pouvons ainsi reprendre en substance les expériences réalisées par Émile Coué sur le traitement des symptômes et maladies via sa célèbre phrase

> **« *Tous les jours, à tous points de vue, je vais de mieux en mieux.* »** Emile Coué

Vous pouvez reprendre également l'étude réalisée en 2003 par l'université du Wisconsin et qui a étudié l'impact de la pensée positive auprès de 52 personnes ayant été vaccinées contre la grippe.

Vous pouvez également relire l'étude réalisée par Danner, Snowdon est Friesen « Nun study » relative à l'étude de l'impact de la pensée et des émotions positives sur la longévité de vie de 180 religieuses.

Nous pouvons évoquer à nouveau les études de Vincent J. Monastra et Barry Sterman démontrant l'impact du neurofeedback sur les troubles attentionnels et symptômes épileptiques des personnes.

Nous avons donc vu dans la partie présentant quelques études scientifiques que les personnes qui ont des pensées et émotions positives vivent généralement plus longtemps que les autres, ceci résidant en partie dans le fait que les émotions positives renforcent notre système immunitaire.

Une étude réalisée en 2010 par Davidson, Mostofsky et Whang a porté sur le suivi médical de 1739 personnes en bon état de santé. Ce suivi a été réalisé sur une période de 10 ans au cours de laquelle les scientifiques ont noté l'attitude des participants dans les différents domaines de leur vie attribuant une note de 1 à 5, 1 correspondant à une absence d'attitude positive et 5 correspondant à une attitude hautement positive. Les scientifiques ont également tenu compte d'autres facteurs concernant ces personnes que ce soit l'âge, le sexe, les addictions... Les chercheurs ont établi que plus l'attitude était hautement positive plus les risques de maladie cardiaque se réduisaient, déterminant même que toute différence d'1 point sur cette échelle de 1 à 5 équivalait en réalité à une réduction du risque de maladie cardiaque de l'ordre de 22%.

D'autres études - que ce soit celles réalisées par Christopher Peterson, par Sheldon Cohen, ou encore d'autres chercheurs - ont permis d'établir que les personnes positives sont nettement moins sujettes aux maladies infectieuses que les personnes davantage pessimistes. Ainsi, les personnes positives sont moins susceptibles d'attraper une maladie infectieuse et si elles en contractent une, elles en développent beaucoup moins longtemps les symptômes.

D'ailleurs, plusieurs études sont citées par Martin Seligman dans son ouvrage « S'épanouir » et permettent de quantifier l'impact significatif de la pensée positive sur les maladies et donc sur le niveau de santé.

A retenir :

• Les études ont démontré que les personnes optimistes secrètent un niveau de globules blancs supérieur aux autres. Les globules blancs sont la base de notre système immunitaire. Il en résulte que la pensée positive a un impact bénéfique sur le niveau de notre système immunitaire et donc sur les maladies infectieuses.

• La pensée positive joue également un rôle favorable dans les troubles alimentaires, les troubles neurologiques...

• Par son impact bénéfique quant au niveau de stress, la pensée positive permet de réduire les risques de maladies cardiovasculaires ou de cancers.

• La pensée positive a un impact sur la longévité de vie.

Sur les émotions

Meilleure appréhension des émotions négatives

Une étude réalisée par Gross et John en 2003 parle de régulation émotionnelle. Cette étude démontre qu'un individu peut appréhender de manière différente les différents stimuli qui sont internes ou externes en fonction de ce sur quoi il décide de concentrer son regard.

Gross et John ont identifié cinq modes de régulation ; ces derniers pouvant être automatiques ou contrôlés.

Ainsi, le fait de regarder et d'appréhender les évènements de manière positive induira une meilleure régulation et donc appréhension des émotions liées aux événements.

Vous avez d'ailleurs probablement pu le constater déjà dans votre environnement ? Par exemple, alors qu'une tierce personne peut être concernée par un événement, le considérer et l'appréhender de manière totalement neutre, vous-même, qui n'êtes pourtant pas directement concerné, auriez appréhendé ce même évènement avec une émotion négative, de colère, de peur ou autre. Ne vous est-il jamais arrivé de vous sentir touché, vexé, en colère... par un évènement ayant concerné autrui, alors que la même personne – pourtant directement concernée – ne s'est aucunement sentie affectée ?

S'il n'est pas facile de ré-évaluer et de réguler de manière positive les événements dits négatifs, plusieurs études démontrent que la ré-évaluation s'apprend et qu'avec de l'entraînement et des efforts nous pouvons tous parvenir et intégrer des réflexes de ré-évaluation et donc de pensées et raisonnements positifs qui deviennent alors des schémas cognitifs automatiques, pouvant même se traduire par des modifications mesurables et observables au niveau du cerveau.

Cela correspond d'ailleurs au phénomène de neuroplasticité confirmé et prouvé par de nombreuses études grâce à l'IRMf (Imagerie par Résonance Magnétique Fonctionnelle) et dont la découverte récente il y a une dizaine d'années ne cesse d'alimenter les recherches scientifiques aujourd'hui.

Meilleure gestion du stress

Augmenter ses émotions positives induit une meilleure gestion du stress et donc une réduction de ce dernier.

La pensée positive, comme nous l'avons indiqué précédemment, permet donc d'influer de manière positive sur les risques de certaines maladies, telles que les maladies cardiovasculaires ou certains types de cancers.

Lazarus et Folkman (1984) ont développé la théorie du coping qui signifie « faire face à ». Ils ont identifié que les individus mobilisent leurs capacités cognitives et comportementales en vue de faire face à une demande. Si cette demande présente un écart négatif ; c'est-à-dire si cette demande s'avère supérieure aux ressources individuelles des personnes (que ce soit réellement le cas ou simplement supposé par l'individu) – alors la demande va générer un certain niveau de stress chez l'individu.

Ainsi, une personne qui sera plus positive, aura davantage confiance en ses capacités, confiance en elle et saura davantage appréhender avec sérénité une tâche pouvant potentiellement être considérée comme stressante.

Davantage positif, l'individu sera également plus à même de prendre du recul et d'appréhender sereinement la mission à accomplir.

Plus positif, il sera davantage en position de solliciter

l'intégralité de ses ressources et capacités, notamment en termes de créativité et de capacité de résolution de problèmes.

Ainsi, la pensée positive va réduire notre niveau de stress et nous permettre d'accéder plus aisément à l'intégralité de nos compétences créatives et cognitives, ouvrant alors le champ des possibles pour que puisse s'exprimer pleinement notre être profond.

Non bridé par le stress, dont la présence chronique peut d'ailleurs s'avérer nocive sur notre bien-être et notre santé, nous accédons à nos pleines capacités et permettons à notre potentiel de s'exprimer pleinement.

Plus grande performance

Nous avons préalablement vu que les émotions négatives restreignent nos accès à nos capacités cognitives. Au contraire, les émotions positives nous ouvrent le champ des possibilités.

Les pensées positives nous permettent d'accéder à notre plein potentiel, qu'il s'agisse de créativité, de raisonnement d'identification de solutions originales... Ayant accès ainsi à notre pleine capacité, nous sommes en mesure de déployer notre plein potentiel et donc d'augmenter de manière significative notre niveau de performance dans différents domaines.

Selon Biétry et Creusier (2013), le bien-être au travail se mesure par le plaisir procuré par l'exercice de son travail. Il convient donc que les aspects positifs l'emportent sur les aspects négatifs.

Ce bien-être au travail passe ainsi par la capacité à donner du sens à son engagement professionnel, à contribuer, à avoir une contribution et un apport réels. On retrouve ainsi le fait que le bonheur provient d'un apport intrinsèque et non extrinsèque ; il vient de l'intérieur, de notre contribution au monde, et non de ce que le monde et l'environnement nous apportent.

Il n'est pas nécessaire d'avoir ce que l'on peut appeler un « bon » travail pour être professionnellement heureux. Il convient par contre d'avoir un travail qui nourrisse nos valeurs et qui nous nourrisse de l'Intérieur, nous permette d'apprécier notre contribution, si ce n'est au monde déjà notre contribution à notre échelle.

Par contre, trop souvent nous nous sommes perdus à vouloir suivre les dogmes de notre environnement, que ce soit l'environnement familial, parental, éducatif … Nous avons alors choisi une voie professionnelle, un métier, le chemin qui nous semblait destiné sans que ce dernier corresponde véritablement à nos aspirations profondes.

Si nous avons perdu le plaisir d'aller travailler, la joie d'exercer notre mérier, peut-être est-ce parce que nous nous sommes trop éloigné de qui nous sommes au fond et qu'il nous faut alors renouer avec ce qui nous procure du plaisir et de la joie pour exercer un métier qui nourrisse nos valeurs, nos apsirations, nos compétences, nos capacités… au quotidien.

Il apparaît alors sans surprise de constater dans les sondages divers que nombre de personnes sont insatisfaites au travail voire sont en reconversion professionnelle.

Il faut dire que le système éducatif nous apprend et nous enseigne davantage comment rentrer dans le moule, plus qu'à découvrir qui nous sommes profondément, nos réelles capacités, appétences, potentiels…

C'est toute la différence que l'on pourra ensuite faire entre un job, une carrière et une vocation.

Il existe d'ailleurs un conte sublime qui illustre bien ces propos et qui dit en substance lorsque l'on interroge trois tailleurs de pierre qui font exactement la même chose pour la même finalité : Le premier répond « je taille des pierres », le second répond « je construis un mur », quand le dernier répond « je construis une pyramide ».

Comment voyez-vous et considérez-vous votre travail aujourd'hui ?

La manière dont nous concevons et percevons notre métier est déterminante dans notre relation au bonheur et cette dernière est très intrinsèque et ne dépend nullement de la position sociale.

Vous pourrez tout à fait rencontrer des personnes exerçant le métier de femme de ménage, de technicien de surface... parfaitement heureuses dans l'exercice de leur métier et constatant leur apport à la société.

A contrario, vous pourrez rencontrer des cadres supérieurs en reconversion, puisque leur métier – bien qu'extrêmement bien rémunéré - ne leur convient pas et ne les nourrit pas de l'Intérieur. Ils sont en recherche d'une Vérité, d'un bien-être, d'un accomplissement que leur job – bien que parfois fort rémuné – ne leur permet de satisfaire.

Meilleure estime de soi

L'estime de soi correspond à la capacité que nous avons d'apprécier notre propre valeur.

Notre capacité à adopter un angle de vue positif nous permet d'avoir une meilleure appréciation de nous-même, de notre valeur, de nos qualités, de nos compétences et capacités.

Bénéficiant d'une meilleure estime de nous-même, nous sommes ainsi plus capable de faire face au regard des autres, de faire nos choix sans être influencé(e) par l'environnement ou par autrui, de prendre du recul par rapport la manière dont nous parlons de nous-même... Nous sommes plus à même d'accepter des compliments et les cadeaux faits par autrui.

Nous sommes plus libres dans notre image ayant ainsi tendance à davantage mettre en pratique l'adage « l'habit ne fait pas le moine. ».

Nous sommes également moins enclin aux aléas émotionnels et sommes moins chahuté par les évènements et émotions négatives de la vie.

A retenir :

• Le fait de regarder et d'appréhender les évènements de manière positive induit une meilleure régulation et donc une meilleure gestion des émotions liées aux événements.

• La ré-évaluation s'apprend et avec de l'entraînement et des efforts, nous pouvons tous adopter des schémas de pensées et de raisonnements positifs, qui deviennent alors des modes automatiques.

• La pensée positive peut induire des modifications mesurables et observables au niveau du cerveau.

• Grâce à la neuroplasticité de notre cerveau, nous avons la capacité de modeler et façonner notre cerveau. Il nous appartient de le modeler dans le sens d'un meilleur bien-être et épanouissement.

• Une personne positive a davantage d'estime pour elle-même et de confiance en elle.

• Une personne positive est moins stressée, plus sereine face aux tâches, missions à accomplir, évènements…et sait davantage prendre du recul face aux situations.

• Une personne positive est davantage en capacité de solliciter l'intégralité de ses ressources personnelles et de ses capacités.

• Une personne positive a davantage de facilités à accéder et exprimer pleinement son plein potentiel.

Sur l'environnement social

Bruce Headey, professeur agrégé à l'Université de Melbourne, a suivi plusieurs dizaines de milliers de personnes durant plus d'une décennie avec pour finalité d'identifier s'il existait une corrélation entre objectif de vie et bonheur.

Ce dernier a déclaré suite à son étude « Il apparaît que privilégier la réussite sociale et les biens matériels est nuisible pour atteindre une grande satisfaction de la vie. »

Il a déduit de son étude que la poursuite de valeurs et objectifs intrinsèques permettait d'accéder plus durablement au bonheur que la poursuite d'objectifs extrinsèques. Ainsi si vous faites passer en priorité la relation avec votre conjoint, avec vos enfants, avec votre environnement familial et amical en lieu et place de votre réussite professionnelle, il y a fort à parier que vous serez plus heureux et ceci plus durablement dans votre vie.

D'ailleurs, un exercice intéressant à effectuer peut consister à lister ce que vous aimeriez que votre famille, vos proches, amis, collègues disent de vous lors de votre enterrement. On est bien d'accord, l'exercice proposé ne semble pas très fun en soi ! Pour autant, il présente le mérite de nous amener à nous recentrer sur nous et à nous poser les bonnes et véritables questions.

En quoi souhaitez-vous laisser une trace de votre passage sur terre ? … Il est peu probable que votre travail ressorte parmi les aspects prioritaires.

Une étude colossale a été effectuée par Harvard sur plus de 700 personnes durant près de 75 ans. Cette dernière a été mise en lumière par Robert Waldinger lors d'une conférence TedX en 2015. Cette étude a passé en revue - à intervalles réguliers - tous les domaines de vie des personnes concernées allant même jusqu'à réaliser des tests médicaux impliquant des scanners du cerveau, des prises de sang etc...

Vous pouvez la visionner à l'adresse suivante :

https://www.ted.com/talks/robert_waldinger_what_makes_a_go od_life_lessons_from_the_longest_study_on_happiness?langua ge=fr

(Pour éviter de retranscrire cette longue adresse mail, saisissez tout simplement « Robert Waldinger Ted » dans Google ! ça marche aussi ! Et c'est plus simple !)

Cette étude à démontré que ce n'est pas le pouvoir, ni la richesse, ni la célébrité qui génèrent un niveau de bonheur chez l'individu, mais bien la qualité des relations sociales qu'il entretient au sein de sa propre famille, avec ses proches, avec ses amis et son environnement.

Ainsi, alors que les personnes qui entretiennent moins de pensées positives voient leur capacités cognitives décliner, induisant un impact sur la qualité de leurs relations sociales, provoquant un certain isolement et donc un niveau de bonheur amoindri, à contrario les personnes positives entretiennent des relations durables, sereines et joyeuses avec les personnes de leur entourage, ces relations ayant un impact positif sur leurs capacités cognitives, leur niveau de bonheur, ainsi que sur leur durée de vie. Tout est lié !

En même temps, si vous faites la gueule et vous plaignez tout le

temps, il est peu probable que vous ayiez beaucoup d'amis !
Au contraire, celui qui est plein d'entrain, a généralement plein d'amis et attire les amitiés.

Le psychologue Marcial Losada a réalisé plusieurs études en milieu professionnel qui lui ont permis de confirmer que les équipes les plus efficaces en entreprise, sont celles qui entretiennent de bonnes relations interpersonnelles.
Ces relations sont mesurées par le ratio d'interactions positives que les équipes entretiennent, ce dernier ayant été évalué par Losada à un ratio de 3/1 ; c'est-à-dire 3 interactions positives pour 1 interaction négative.

Autrement dit, si vous entretenez 3 fois plus d'échanges positifs avec vos collègues (pensées positives, mots positifs, compliments...) que d'échanges négatifs (mots négatifs, jugements, critiques, émotions négatives...) ; alors votre équipe sera d'autant plus performante et efficace !

Et en plus, il est prouvé que les gens heureux réussissent généralement davantage leur vie professionnelle. En effet, une méta-étude compilant des études réalisées sur plusieurs centaines de milliers de personnes le confirme ;

c'est le bonheur qui mène à la réussite, et non la réussite qui mène au bonheur.

Alors…

« *Qu'est-ce qu'on attend pour être heureux ?* »

A retenir :

• La poursuite de valeurs et objectifs intrinsèques permet d'accéder plus durablement au bonheur que la poursuite d'objectifs extrinsèques.

• La qualité des relations sociales influence notre propension au bonheur..

• Le ratio d'efficacité et performance a été mesuré par Marcial Losada : un ratio de 3/1 (3 interactions positives/1 interaction négative) fera de votre équipe une équipe performante et efficace !

• C'est le bonheur qui mène à la réussite, et non la réussite qui mène au bonheur.

La créativité,
c'est l'intelligence qui
s'amuse.

Albert Einstein

Comment hacker son cerveau

1. La génétique

La théorie de Sonja Lyubomirsky – professeure de psychologie à l'université de Californie – stipule que notre capacité au bonheur est prédéterminée avant même notre naissance par notre patrimoine génétique à hauteur de 50%. Ensuite 10% de notre aptitude au bonheur est déterminée par notre environnement extérieur. Finalement, nous avons la capacité d'influer sur notre capacité au bonheur grâce aux 40% restant, grâce à nos choix et comportements dans la vie.

David Lykken et Auke Tellegen, professeurs au sein de l'université du Minnesota, ont réalisé des études portant sur des vrais ou faux jumeaux, afin de déterminer s'il y avait une corrélation entre la génétique et l'aptitude au bonheur. Leur étude a permis de confirmer, tout comme celle de Sonja Lyubomirsky, le lien étroit entre génétique et aptitude au bonheur.

Si tous les chercheurs s'accordent sur le lien existant entre notre héritage génétique et notre capacité au bonheur, ce qui peut varier toutefois est le degré de corrélation entre ces derniers, ce degré variant de 25% à 80% selon les chercheurs avec, par exemple une valeur à 50% pour Sonja Lyubomirsky, qui reste une des chercheuses en ce domaine parmi les plus connues et qui semble attirer la validation de la majorité des chercheurs vers ce taux médian.

Si la valeur de ce taux n'est pas prête de trouver un consensus aujourd'hui, ce qu'il importe de retenir de ces différentes études, c'est que notre aptitude au bonheur est certes en partie définie par notre génétique et constitue donc un héritage, mais que nous avons toutefois un rôle à jouer dans notre capacité à atteindre le bonheur, le maintenir et le développer.

Le gène 5-HTT apparaît être notre gène du bonheur ! Le gène 5-HTT est le gène transporteur de la sérotonine, un neurotransmetteur dont le nom ne vous est probablement pas inconnu et qui permet de réguler notre humeur.

Mais si notre héritage génétique permet de déterminer en partie notre prédisposition au bonheur, il est toutefois utile de noter qui n'en garantit pas pour autant l'atteinte. En effet, comme de nombreux gènes de notre ADN, il convient que nous actionnions ce gène pour qu'il puisse produire son plein effet.

Et c'est la répétition d'évènements similaires – négatifs ou positifs – et notre manière de réagir à ces derniers qui va permettre d'actionner et renforcer ce gène.

Ainsi, le gène 5-HTT ne va pas déclencher notre bonheur mais abaisser le seuil de déclenchement de ce dernier, nous en permettant ainsi un accès facilité. Si nous ne sommes pas porteur des caractéristiques du gène du bonheur, de ses caractéristiques qui sont propices au développement de ce dernier, notre amygdale réagira alors plus rapidement et plus intensément aux situations stressantes de notre environnement, à l'inverse des personnes porteuses des caractéristiques du gène du bonheur, dont l'amygdale sera moins réceptive à des situations anxiogènes, et dont les réactions au stress seront ainsi plus mesurées.

Ainsi, si nous avons l'opportunité de vivre dans un

environnement sain et bienveillant, notre organisme sera moins enclin à activer les caractéristiques du gène 5-HTT liées à la dépression (si nous en somme porteur), signifiant par là même une opportunité d'influer sur notre génétique.

Nous pouvons donc dire que si notre héritage génétique ne s'avère pas des plus propices à l'expression du bonheur, nous avons toutefois la possibilité d'en influer l'expression par un environnement bienveillant et nos modes de pensées positifs.

Si notre héritage génétique indique ainsi notre propension à accéder au bonheur, nous avons pour environ 50% de capacités d'influer l'expression de cet héritage en notre faveur, que ce soit par un environnement propice ou par des comportements et attitudes positives.

Finalement, si le gène 5-HTT été identifié par les scientifiques comme pouvant contribuer à notre héritage génétique en lien avec le bonheur, il convient toutefois de constater qu'il ne s'agit pas du seul gène contribuant à notre capacité au bonheur. En effet, il existe le gène DRD4 et le gène COMT (dont je ne développerai pas les caractéristiques), ainsi qu'une multitude d'autres gènes dont le lien avec notre niveau de bonheur n'a pas encore été identifié à ce jour.

Si on parle bonheur et génétique, il est une superbe vidéo (parmi d'autres, car ce n'est pas la seule) que je vous recommande vivement de regarder. Elle a cette capacité à aider à remettre les choses importantes pour vous en place dans votre vie…

Il s'agit de la vidéo de Sam Berns sur TedX. L'avez-vous déjà vue ?...

Il s'agit d'une magnifique leçon de vie.

Je vous invite à la visionner si vous ne la connaissez pas…

Au moment où j'écris, elle a d'ailleurs rassemblé plus de 47 millions de vues !

Vous pouvez la visionner via le lien vidéo suivant :

https://www.youtube.com/watch?v=36m1o-tM05g&t=223s

(Ou en utilisant votre moteur de recherche.)

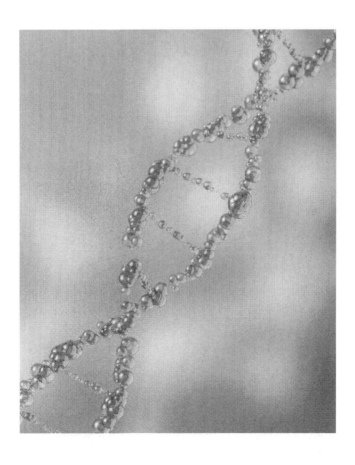

2. Manger sainement

L'intestin - de par ses quelques millions de neurones - est considéré comme le deuxième cerveau de notre organisme.

La sérotonine - un neurotransmetteur impliqué dans la gestion de l'humeur et du comportement - est sécrétée pour 95% au niveau de l'intestin.

La dysbiose intestinale (déséquilibre au niveau de la flore intestinale) a été étudiée dans de nombreux cas de fatigue chronique, de maladies dites psychologiques (dépression...) et de maladies neuro-dégénératives (Alzeimer, Parkison...) et les nombreuses études réalisées ont permis d'établir un corollaire entre la bonne santé du système intestinal et la santé mentale. C'est avéré ; l'intestin et le cerveau entretiennent une relation de dépendance !

Ainsi, si vous avez des troubles du comportement, si vous avez régulièrement des accès de colère, si vos colères deviennent furies, si vous vous sentez mélancolique, déprimé(e)... peut-être auriez-vous intérêt à faire un petit point sur votre alimentation !

Il se peut en effet que vos pensées soient positives, que votre esprit appréhende les évènements de manière positive, mais que pour autant, vous soyez dans un état de mélancolie, colère, déprime... et que cela provienne de votre intestin !

Alors, si ce que j'évoque vous parle, je vous invite à faire un petit check-up de votre régime alimentaire et à rectifier tout cela !

Et si ce que j'évoque ne résonne pas en vous, réfléchissez-y quand même un peu… histoire d'être certain(e) de ne pas passer à côté d'une piste à travailler.

Dans tous les cas, que votre régime alimentaire soit sain ou qu'il soit à améliorer, sachez que votre intestin aura toujours un impact sur votre esprit et donc votre humeur.

A vous de définir comment vous souhaitez nourrir vos journées…

3. Bien dormir

Combien de fois vous êtes-vous réveillé(e) après une longue nuit de sommeil et vous vous êtes senti(e) épuisé(e), fatigué(e) avec la forte impression de n'avoir pas récupéré ?

Combien de vois vous êtes-vous levé(e) avec cette sensation de fatigue physique et psychique ?

C'est la qualité du sommeil qui prime sur la durée. Notre organisme a davantage de facilité à récupérer dans les phases de sommeil lent profond au cours desquelles notre cerveau génère des ondes cérébrales appelées les ondes delta.

Aussi, pour une bonne qualité de sommeil, il convient de se coucher tôt, de quitter les écrans (télévision, ordinateur, smartphone) au moins 1h avant d'aller se coucher, de dîner léger, d'éviter toute consommation d'excitant (thé, café) ou d'alcool.

Le fait d'adopter un régime de vie sain et équilibré, passant par l'alimentation, l'activité sportive, la méditation, la respiration… agira - de concert avec toutes les bonnes petites habitudes que vous pourrez prendre le soir – sur la qualité de votre sommeil et vous permettra d'améliorer la qualité de vos nuits.

Ce faisant, vous serez de meilleure humeur au lever, plus dynamique, plein d'entrain et de positivisme… une belle énergie pour commencer votre magnifique journée !

4. Eviter de regarder les informations en boucle et au coucher

S'il est pertinent et intéressant de se tenir informé de l'actualité, il peut être particulièrement stressant de regarder les informations en boucle sachant que les médias ont plutôt tendance à favoriser les évènements à fort impact émotionnel et portant donc généralement sur des évènements négatifs, ceci en vue d'augmenter leur audience.

Ainsi si vous souhaitez demeurer dans un état d'esprit positif, veillez à ne pas regarder les informations de manière répétée et prolongée durant votre journée, mais à bien gérer cet accès avec pertinence et parcimonie.

Par ailleurs, évitez si possible de les regarder avant le coucher. Il est en effet inutile de débuter votre nuit avec des images et informations négatives à l'esprit. Il est préférable de vous coucher avec un état d'esprit hautement positif et de belles ondes d'harmonie et de sérénité.

5. Faire le silence

Avez-vous jamais prêté attention à toutes les nuisances sonores qui peuvent solliciter votre cerveau et maintenir une stimulation cognitive quasi permanente ?

En effet, vous commencez peut-être votre journée au son du réveil, la poursuivez avec les discussions au sein de votre environnement familial au moment du petit-déjeuner, avant de rejoindre peut-être physiquement votre lieu de travail et de subir les bruits le transport, qu'il s'agisse des voitures, des coups de klaxons, ou bien du bruit des transports en commun et conversations des passagers…

Peut-être même écoutez-vous la radio que ce soit des informations ou de la musique…

Finalement, votre journée - de votre réveil à votre coucher - sera jalonnée de nombreuses sollicitations sonores mobilisant votre cerveau et induisant une certaine charge cognitive consommatrice d'énergie et pouvant même s'avérer nuisible sur le long terme.

Ainsi, Michel Le Van Quyen - chercheur à l'INSERM et auteur des ouvrages « Les pouvoirs de l'esprit » et « Améliorer son cerveau » - indique que cette surcharge cognitive peut enduire une « diminution du système immunitaire, une perturbation du système cardio-vasculaire, tout le système parasympathique et malmené alors que c'est justement cette partie du système nerveux qui nous aide à nous reposer. »

Alors coupons le son de temps en temps !

Eteignons la télévision, éteignons la radio qui tourne en fond sonore…et faisons silence autour de nous, quelques minutes, quelques heures… pour nous faire du bien, alléger les nuisances dans lequel baigne notre cerveau et nous permettre de nous reposer, nos recentrer.

C'est une petite action, facilement réalisable, et qui nous procurera le plus grand bien.

Nous pouvons également prêter attention à ce silence… Quels sont les bruits très subtils et limite imperceptibles que nous percevons ?

Qu'est-ce que ce silence nous apporte en termes d'apaisement, de ressourcement, de recentrage sur soi ?

Quels sont les bienfaits que nous retirons de cette moindre sollicitation de notre sens de l'ouïe ?

6. La pensée positive

Diverses études ont permis aux chercheurs d'identifier et recenser que nous émettons entre 50.000 et 60.000 pensées par jour ! Rien que ça !

Pour faire le tri parmi nos pensées, en chasser au maximum les idées négatives et adopter des pensées positives; il va falloir que nous fassions preuve d'une sacrée vigilance !

Mais voici deux magnifiques citations pour vous encourager sur cette voie, à nul être impossible !

> *« Je ne perds jamais. Soit je gagne, soit j'apprends. »* Nelson Mandela

> *« Le succès, c'est d'aller d'échec en échec sans perdre son enthousiasme. »*
>
> Winston Churchill

Nous avons évoqué dans les chapitres consacrés aux études scientifiques et aux bénéfices de la pensée positive, les multiples bienfaits de la pensée positive sur la santé, les émotions et les relations sociales.

Alors, avec tous ces bienfaits évoqués, pour quelle raison continuons-nous d'entretenir des pensées négatives ?

Pour quelle raison avons-nous constamment ces pensées, critiques, peurs, jugements… qui nous traversent l'esprit ?

Parce que notre schéma de pensées a été façonné par notre environnement, notre éducation, notre expérience…

Aujourd'hui, nous prenons conscience de cela et avons le pouvoir de choisir de penser différemment et ne plus alimenter, ni entretenir les pensées négatives et schémas limitants qui conditionnent nos comportements.

Cela n'est pas chose aisée. Pour autant, c'est loin d'être impossible. Certes, vous ne pourrez pas filtrer absolument toutes vos pensées. Cette démarche va nécessiter de votre part un entrainement régulier. Mais cet engagement envers vous-même va générer progressivement un bien-être grandissant. Vos paroles, vos mots seront porteurs d'une belle énergie qui va s'amplifier et résonner en vous et autour de vous.

L'exercice que je vous propose consiste à noter sur un carnet dédié toute pensée négative qui traverse votre esprit, puis d'écrire son pendant positif.

Je vous propose de libérer cette pensée et de la remplacer par une pensée bienveillante, résolument optimiste et au service de votre vie.

Pour mettre un peu de joie dans cette nouvelle approche de vous-même que vous allez explorer et développer, je vous propose de mettre de la couleur lors de l'écriture de la seconde version corrigée. Cela peut consister dans le fait d'écrire en couleur, ou bien de réaliser des petits dessins… tout acte créatif qui vous parle, sans que ce dernier soit long.

Vous pouvez dessiner des bulles de bandes dessinées ou bien également faire deux colonnes ; la première dans laquelle vous notez votre pensée négative ; la seconde dans laquelle vous écrivez votre pensée positive. Vous pouvez choisir de dessiner et décorer votre phrase positive ou non… Personnellement, je trouve plus fun de mettre un peu de couleurs et de gaieté…

Cela permet de mettre un peu de joie et de nous approprier plus facilement cette nouvelle pensée !

La phrase positive ne vous correspond pas complètement… Elle ne reflète pas vraiment qui vous êtes ou voulez être ! Qu'à cela ne tienne ! Modifiez-la ! Faites-la vôtre ! Elle doit VOUS correspondre !

La phrase idéale pour vous ne le sera pas forcément pour autrui.

Peu importe, puisqu'il est question de vous !

Je suis fatigué aujourd'hui.

Je me sens de mieux en mieux à chaque instant.

Je vais rater !

Je fais le maximum pour réussir !

Je suis nul en anglais.

Je m'entraîne pour améliorer mes résultats.

> *« Nous sommes ce que nous pensons. Tout ce que nous sommes résulte de nos pensées. Avec nos pensées, nous bâtissons notre monde. »*
>
> Bouddha

> *« Utiliser sans cesse des mots élevés et pleins d'amour augmente les vibrations de votre mental. »*
>
> Sanay Roman

Si je change ma manière de penser, les émotions que j'accepte d'entretenir, la manière dont je me comporte, parle, agis ; alors mon énergie va changer, ma vibration va changer et mon monde va commencer à évoluer.

Grâce aux neurosciences, nous avons connaissance aujourd'hui du phénomène de neuroplasticité de notre cerveau.

Nous savons ainsi que plus nous allons pratiquer un apprentissage plus nos connexions neuronales vont se créer, se renforcer passant d'un petit sillon à un chemin puis une voie nationale pour devenir finalement une autoroute.

Au contraire, une voie neuronale qui sera peu utilisée, laissée à l'abandon, finira par se rétrécir progressivement et disparaître

C'est ainsi que nous pouvons travailler pour déprogrammer nos pensées négatives et programmer de nouvelles pensées hautement positives.

Ainsi nous pourrons renforcer nos voies neuronales situées dans l'hémisphère gauche du cortex préfrontal (qui est lié aux émotions positives) et réduire les voies neuronales situées dans l'hémisphère droit du cortex préfrontal (lié aux émotions négatives) ceci pouvant être confirmé par l'analyse IRMf.

> *« Les paroles, comme les pensées, sont semblables à des graines emportées par le vent qui s'en vont germer loin du jardin où elles ont mûri. Alors, ne vous préoccupez que de produire de bonnes semences, puis laissez-les s'envoler sans vous soucier où le vent les emportera. »*
>
> Omraam Mikhael Aïvanhov

Si vous vous sentez plein d'enthousiasme pour créer cette nouvelle version de vous-même, vous pouvez également vous fixer un autre petit challenge si vous le souhaitez ; à savoir celui de transcrire quotidiennement chaque pensée négative que vous émettez après avoir précisé la date du jour.

Ainsi, au bout d'une période définie (pourquoi pas un cycle de 21 jours ?! Ou bien un mois ? Voire une unique semaine ?... Peu importe…), vous pourrez constater que le nombre de pensées négatives notées dans votre carnet s'est fortement réduit !

7. Les croyances limitantes

Les croyances limitantes représentent ces pensées que nous tenons pour vraies et qui vont nous limiter dans notre vie.

Nos croyances limitantes sont héritées de notre environnement, de notre éducation familiale, de notre culture… Nous les avons validées en tant que vérités.

Nous n'avons jamais cherché à les questionner ou les remettre en cause.

Si vous faites ces phrases vôtres « La vie est dure », « Il faut se battre », ou encore « La vie n'est pas un long fleuve tranquille »… et bien, il est peu probable que vous considériez la vie comme un terrain de jeux où vous allez pouvoir expérimenter tout ce que vous avez envie de vivre !

Il n'est pas facile d'identifier toutes nos croyances limitantes.

En effet, nos croyances limitantes sont très souvent inconscientes. Et s'en libérer commence tout d'abord par en prendre conscience.

Identifier des croyances limitantes qui vous bloquent vous permettra d'enlever les œillères que ces pensées limitantes imposaient à votre champ de vision et de libérer votre plein potentiel.

Lorsque vous constatez que vous tenez une pensée pour vraie, et qu'une personne de votre entourage pense différemment, vous avez alors une piste à explorer. Vous pouvez alors vous questionner sur cette pensée et essayer d'analyser d'où elle provient, ce qui peut la contredire…

> *« Bien des choses se feraient facilement, sans les chimériques objections, que parfois les hommes se plaisent à inventer. »*
>
> André Gide

Nous sommes notre plus fervent adversaire, l'ennemi le plus redoutable pour nous mettre des barrières et réduire notre champ de perspectives et de potentiels.

> *« La coupe de l'abondance est toujours pleine; ce sont nos croyances qui en déterminent la dimension. »*
>
> Richard Thibodeau

J'identifie et liste ci-après mes croyances limitantes

_____

_____

_____

_____

_____

_____

_____

_____

_____

_____

« Je ne suis pas ce qui m'est arrivé, je suis ce que je choisis de devenir. »

C.G. Jung

Je liste pour chacune de mes croyances des preuves qu'elles ne sont pas vraies

_____

_____

_____

_____

_____

_____

_____

_____

_____

_____

_____

_____

« Ne sous-estimez jamais le pouvoir que vous avez de vous changer vous-même. »

H. Jackson Brown

8. Les affirmations positives

> *« Un pessimiste voit la difficulté dans chaque opportunité, un optimiste voit l'opportunité dans chaque difficulté. »*
>
> Winston Churchill

Dans différents ouvrages et lectures, que ces derniers portent sur des sujets ésotéristes ou sur les neurosciences, on peut lire qu'il est préférable d'écrire (manuellement, au stylo) plutôt que taper à l'ordinateur, vos souhaits, demandes, objectifs, plans d'actions...

En effet, le fait d'écrire ancre davantage dans notre subconscient et met ce dernier en mouvement pour apporter la réponse et la solution à notre requête, bien plus que le fait de taper à l'ordinateur, qui apparaît ne pas mobiliser autant le pouvoir de notre subconscient.

Aussi, dans le cadre des exercices portant sur l'écriture de vos affirmations positives, je vous inviterai à les écrire de manière manuscrite, plutôt que sur ordinateur.

Il existe plusieurs manières de procéder pour ancrer ses affirmations positives. Il convient que vous adoptiez la façon qui vous convient. Aucune méthode n'a prédominance sur une autre. Il convient simplement que vous utilisiez celle qui vous correspond le mieux.

Je ne présenterai pas une liste exhaustive des possibilités, mais plusieurs approches, parmi lesquelles je vous souhaite de trouver celle avec laquelle vous serez en phase.

Vous pourrez aussi tout à fait librement explorer et déployer d'autres approches, en complément ou en lieu et place des suggestions qui vous sont partagées ci-dessous.

Une des méthodes consiste à écrire vos affirmations sur un carnet et à les réciter une à plusieurs fois par jour, en imaginant dans votre corps le ressenti, les sensations, les émotions qui y sont associées.

Vous pouvez également choisir d'écrire plusieurs fois par jour (10, 15, 20 fois) vos affirmations… Ou vous « contenter » simplement de les répéter. Personnellement, je trouve cette seconde approche moins fastidieuse !

Vous pouvez également faire le choix d'écrire vos affirmations sur des cartes, que vous décorerez. Votre créativité ajoutera une dimension toute personnelle à vos cartes, les imprégnant de votre énergie.

Vous pouvez ensuite afficher vos cartes au bureau, dans votre salle de bains, ou les glisser dans votre portefeuille.

Vous pouvez également choisir d'afficher vos affirmations sur le fond d'écran de votre ordinateur.

Vous pouvez aussi réciter ou chanter vos affirmations sous la douche, dans votre voiture, dans votre tête si vous utilisez les transports en commun. Eh ! Oui ! Votre voix a beau être magnifique, il n'est pas nécessaire d'en faire profiter tout le monde ! Sauf si vraiment… !

Vous pouvez choisir de les formuler lors de votre séance de

méditation, ou avant votre séance de yoga, de sport... voire même en faisant votre vaisselle ou votre ménage !

Toutes les situations sont bonnes pour réciter vos affirmations.

Si vous craignez d'oublier de réciter vos affirmations, vous pouvez programmer des rappels sur votre ordinateur ou sur votre téléphone portable.

Quelle que soit la méthode que vous choisirez, il conviendra que vous répétiez vos affirmations avec confiance et foi.

Au-delà de réciter vos affirmations, je considère également que votre manière de vivre doit refléter ce à quoi vous aspirez. Votre vie doit au maximum être empreinte d'émotions positives, de joie, de bonheur, d'amour... Ainsi, il ne suffit pas de passer quelques minutes à réciter ses affirmations, et se comporter avec colère, ingratitude, jalousie, frustration... le reste du temps.

> *« Une grande majorité de l'humanité vit dans le monde extérieur. Peu ont trouvé leur monde intérieur. Cependant, c'est le monde intérieur qui fait le monde extérieur. Il est donc créateur. Tout ce que vous trouvez dans votre monde extérieur a été créé par vous dans votre monde intérieur. »*
>
> Charles Francis Haanel

9. Etre indulgent avec soi-même

Apprenez à être indulgent avec vous-même. Quand l'un de vos amis ou un membre de votre famille « chute », vous ne cherchez pas à l'accabler davantage, à l'accuser, à le critiquer… Au contraire, vous cherchez plutôt à l'encourager, le motiver, le stimuler… de sorte à ce qu'il « remonte en selle ».

Un enfant va chuter plusieurs milliers de fois lors de son apprentissage de la marche. Que penseriez-vous d'une personne qui critique cet enfant apprenant, le rabaisse, le dénigre ?

Cela ne vous viendrait pas à l'esprit non plus de critiquer ce petit enfant qui apprend à marcher et encore moins chaque fois qu'il trébuche ou tombe… alors pourquoi êtes-vous si peu indulgent avec vous-même ?

Nous sommes plus dur avec nous-même, plus exigeant que nous ne le sommes envers quiconque. Cela provient probablement de notre éducation (familiale, scolaire, environnement…), de notre peur du regard extérieur, de notre désir de viser la perfection … Et bien non, l'être humain n'est pas parfait… Vous n'êtes pas parfait non plus et vous avez le droit à l'erreur. Nous avons tous le droit à l'erreur, tout comme le petit enfant ; nous avons le droit de trébucher, de prendre des détours, de nous tromper de chemin, de tomber… et dans ces cas-là, il est inutile de nous auto-flageller… la chute elle-même est déjà une suffisamment lourde « punition »…

Il convient alors que nous nous relevions, que nous nous remettions à marcher un pas après l'autre en avançant sur notre chemin, vers votre destinée, en étant à l'écoute de nous-mêmes, de qui nous sommes, de nos besoins, de nos imperfections et en les acceptant totalement.

> *« La plus grande gloire n'est pas de ne jamais tomber, mais de se relever à chaque chute. »* Nelson Mandela

C'est ainsi que nous sommes à même de faire la paix avec nous-même, de nous accepter pleinement et entièrement et de cheminer.

Aussi, si par moment nous avons des baisses de moral, si notre moral n'est pas au beau fixe, il est inutile de mettre un masque de façade, de nous voiler la face, de montrer une image à notre environnement et à notre entourage qui ne soit pas la réalité. La beauté de l'être humain réside dans sa capacité à ressentir des émotions, sa capacité à pouvoir les identifier, apprendre à essayer de mieux les gérer… Acceptons cette part de nous qui fait que nous sommes des êtres humains, avec les aspects moins appréciables que cela comporte.

Sans l'obscurité, la lumière n'existerait pas…

10. Pardonner

Les émotions négatives sont fortement consommatrices d'énergie et nous pompent littéralement notre énergie vitale au détriment d'autres projets, visions, envies, objectifs... plus positifs vers lesquels nous pourrions orienter plus profitablement notre énergie.

Parmi les émotions négatives, nous pouvons distinguer le stress, la colère, la peur, la rancœur, la haine...

Pardonner est un acte important qui permet de libérer certaines souffrances, qu'il s'agisse de se pardonner à soi-même ou de pardonner à autrui.

Pardonner ne signifie pas être d'accord avec le préjudice que nous avons subi. Pardonner signifie se libérer du fardeau que cette émotion négative nous fait porter de manière constante. Pardonner signifie que nous choisissons d'être qui nous voulons et que nous refusons désormais d'être la personne marquée et empreinte de cette souffrance. Nous choisissons de nous passer de cette couleur, de cette rancœur. Nous faisons le choix de nous libérer de ce poids et d'avancer sur notre chemin.

Imaginez que chaque matin, avant de commencer votre journée, vous mettez une grosse et lourde pierre dans votre sac à dos et que vous portez votre sac de votre lever jusqu'au coucher, et ainsi chaque jour de votre vie qui passe... et peut être n'avez-vous pas une seule grosse pierre mais plusieurs.

Aujourd'hui, vous avez la possibilité de faire le choix de déposer votre sac à dos et de vous libérer de ce fardeau.

Certes, ce n'est pas une démarche facile, loin de là.

C'est un travail sur soi, un apprentissage, un cheminement… mais qu'il est doux et léger de pouvoir se libérer ensuite de ce fardeau qui nous épuise chaque jour qui passe.

Nous décidons alors d'avoir le plein contrôle de notre énergie et de décider vers où l'orienter… alors autant que cela soit vers nos êtres aimés, nos projets, nos passions, tout ce qui nous anime et allume et fait briller cette étincelle en nous…

S'il est une personne emblématique qui illustre le principe du pardon, c'est bien Nelson Mandela, premier président noir d'Afrique du Sud (de 1994 à 1999). Bill Clinton écrira d'ailleurs à son sujet que « Le pardon était une stratégie de survie pour lui.». Et à sa libération de prison, Nelson Mandela - qui avait pardonné à ses geôliers - a même invité plusieurs d'entre eux lors de son intronisation en tant que président de l'Afrique du Sud.

Posez votre lourd sac à dos, enlevez vos chaînes et détachez vos boulets de vos chevilles – boulets que vous traînez lourdement et depuis longtemps probablement –, et donnez à votre vie le souffle nouveau, la direction et le sens que vous souhaitez lui voir prendre dès à présent.

« *Si vous corrigez votre esprit, le reste de votre vie se mettra en place.* » Lao Tseu

11. La technique du miroir

Il peut être particulièrement difficile de constater lorsque nous employons des mots négatifs, d'en prendre conscience et de réagir pour essayer de nous corriger.

De la même manière, il peut apparaître compliqué - lorsque nous vivons des émotions dites négatives – de réagir et chercher à évacuer l'émotion stressante, de colère…

Dans ce cas-là, il peut être intéressant de solliciter son environnement (famille, amis, collègues de travail…) et de leur demander de jouer avec nous le rôle de miroir.

Ainsi, nous pouvons solliciter quelques proches (il n'est pas nécessaire de solliciter tout le monde). Un ou deux collègues de travail suffiront amplement sur votre lieu de travail.
Au sein de votre famille proche, vous pouvez solliciter votre conjoint(e) et votre/vos enfant(s). D'ailleurs, peut-être que vos proches vous rejoindront ensuite dans votre démarche et vous demanderont de jouer également le rôle de miroir pour eux.
En constatant les effets bénéfiques que cette démarche génère chez vous, il est fort probable que votre entourage soit motivé à appliquer cette pratique et souhaite que vous leur renvoyiez à votre tour l'image miroir de leurs émotions ou mots négatifs du moment.
Il peut être amusant de pratiquer cette technique en famille.

Vous aurez plaisir à vous épauler mutuellement et voir chacun cheminer.

Vous verrez vos enfants jouer avec vous le rôle de miroir et vous renvoyer vos attitudes négatives.

Mais vous aurez également le plaisir de pouvoir jouer ce rôle à leur égard, et ainsi leur compréhension du jeu, leur adhésion, seront d'autant plus faciles à obtenir, et les bénéfices de cette méthode seront d'autant plus significatifs, et dans des délais relativement courts.

Il convient toutefois d'être prudent lorsque nous pratiquons le rôle du miroir en faveur d'une personne. En effet, l'idée n'est pas de renvoyer l'émotion telle qu'elle est émise, voire reçue. L'idée est de parvenir à retirer l'intensité de l'émotion et de simplement signifier à la personne accompagnée l'émotion qu'elle semble ressentir à l'instant, les mots négatifs employés… Il est important de ne pas rentrer dans le jeu de l'escalade en réagissant avec émotion et en entraînant ainsi une surenchère dans les émotions et mots négatifs exprimés. Il est plus facile de jouer le rôle de miroir lorsque nous ne sommes pas directement concernés par l'émotion ou les mots négatifs émis par autrui.

Ce n'est pas gênant si nous ne sommes pas toujours en mesure de jouer efficacement le rôle de miroir pour autrui ; nous faisons au mieux et évoluons ce faisant.

Le fait de jouer le rôle de miroir pour autrui nous permet également de progresser nous-mêmes. Plus nous sommes attentifs aux émotions et mots négatifs d'autrui, davantage le serons-nous également envers nos propres comportements.

Accompagner autrui nous permet d'évoluer également.

12. Geste déclencheur pour le retour au calme

A titre individuel, nous pouvons également choisir d'utiliser un geste déclencheur pour nous faciliter le retour au calme.

Ainsi, à la différence du rôle du miroir joué par autrui en notre faveur, l'utilisation du geste déclencheur peut être réalisée en parfaite autonomie.

En quoi consiste l'utilisation du geste déclencheur ?

Le recours au geste déclencheur implique simplement de réaliser un petit geste très simple chaque fois que nous identifions une émotion dite négative.

Ce petit geste deviendra ensuite plus automatique et nous permettra de prendre conscience de notre état d'esprit sur l'instant et de la nécessité de faire évoluer ce dernier.

A titre d'exemple, je serre (sans forcer) mon poignet gauche avec ma main droite lorsque j'entre en colère. Ce petit geste tout simple me permet d'identifier que j'éprouve un sentiment de colère et qu'il convient que je prenne un moment de retrait et de calme en vue d'évacuer cette émotion avant de dire ou faire quoi que ce soit.

Le fait d'adopter ce petit geste à priori anodin ne sera pas automatique et demandera de prêter attention à vos émotions, mais il vous accompagnera progressivement à une meilleure identification et gestion de vos émotions dites négatives.

Vous serez davantage vigilant à vos émotions de colère, d'angoisse, de tristesse… et apprendrez progressivement à les évacuer, plus rapidement, voire à les prévenir.

L'acquisition du geste déclencheur sera progressive, avec la pratique et l'entraînement.

Comme je l'ai évoqué, mon choix s'est porté sur le fait d'enlacer mon poignet gauche avec ma main droite. Mais il vous est tout à fait possible d'effectuer un autre choix et de choisir un autre geste, tel enlacer son index avec la main opposée, lever les bras au ciel (bon, l'inconvénient en lieu collectif ou public est que cela est nettement plus visible !), poser une main sur l'épaule opposée…

Vous trouverez le geste qui vous convient, peut-être à tâtons, en optant tout d'abord pour un geste, avant de finalement en retenir un autre qui vous convient mieux.

L'adoption du geste déclencheur se veut une pratique simple, réalisable en toute autonomie, mais qui vous permettra d'engranger progressivement des bénéfices significatifs et pérennes sur le long terme.

Développer notre capacité à identifier en toute autonomie nos comportements, émotions, mots négatifs nous permettra d'évoluer progressivement dans le sens d'une meilleure gestion de ces comportements, pensées et émotions et donc de cheminer progressivement vers davantage de calme et sérénité.

13. L'impact du sport sur le corps et l'émotionnel

De nombreuses études ont prouvé et vantent les bienfaits de l'activité sportive sur l'humeur et l'état d'esprit grâce - en particulier – à la sécrétion d'endorphines.

L'activité sportive renforce notre système immunitaire et nous protège des maladies (cancers, maladies cardiovasculaires…), mais également de la dégénérescence de notre cerveau (maladie d'Alzheimer, de Parkison…).

Ayant également un impact positif sur notre capacité cognitive, elle a aussi des répercussions bénéfiques sur notre exposition au risque de dépression et sur notre propension à adopter des idées et comportements positifs.

Notre capacité à nous investir avec effort dans une activité sportive génère en nous un sentiment de contrôle et de maîtrise de nos activités induisant alors un certain sentiment de puissance et de maîtrise de nos choix et de notre vie. Il s'ensuit ainsi un cercle vertueux, nos émotions positives et notre sentiment de maîtrise ayant pour effet que nous adoptons des pensées positives, suivies de comportements positifs et générant finalement des actions positives ; le tout étant aligné avec qui nous devenons et qui nous sommes alors sur l'instant présent.

Le cercle vertueux du positif est ainsi auto-alimenté par notre énergie d'investissement, d'implication, d'effort, de maîtrise…

notre énergie vitale, qui s'en trouve renforcée, augmentée, multipliée, voire décuplée.

Au-delà de ce sentiment de contrôle et de maîtrise lié à notre application et nos efforts, on parlera également de l'impact physiologique du sport sur notre corps, ainsi que sur notre cerveau et état d'esprit. En effet, lorsque nous effectuons une activité sportive, cette dernière va avoir un impact sur deux hormones à la fois, à savoir le cortisol - qui est l'hormone du stress - et les endorphines, qui sont les hormones du bien-être.

Une petite dose de cortisol est nécessaire pour nous permettre de faire face à des situations de stress. Toutefois, une exposition prolongée au cortisol peut induire des effets néfastes chroniques pouvant aller jusqu'à l'insomnie et pire encore, certaines maladies engageant le pronostic vital (cancer, troubles cardiovasculaires, troubles cardiaques...).

Si elle permet de brûler le cortisol - hormone du stress - l'activité sportive permet également de générer les hormones qui vont créer en nous un sentiment de bien-être et de sérénité. Après tout, ce n'est pas pour rien si de nombreux antidépresseurs permettent la sécrétion d'endorphines sur les patients souffrant de dépression, hormone qui va agir comme un analgésique et qui va permettre de calmer leurs pensées négatives. Pour atteindre cet effet bénéfique, l'activité sportive se doit toutefois d'être maintenue sur une durée prolongée d'environ 30 minutes.

Si vous présentez des troubles de santé proscrivant une activité sportive intense, ou si vous rechignez fermement à pratiquer un sport fatiguant ; vous pouvez opter pour des approches plus douces telles que le yoga ou la marche (de préférence rapide). Leur impact bénéfique sur l'organisme n'est plus à démontrer.

D'ailleurs, si vous-même ou un proche prenez actuellement des antidépresseurs, je vous invite à pratiquer une activité sportive régulière... Dans quelques semaines, ou dans quelques mois, vous aurez probablement envie de retourner consulter votre médecin et de discuter avec ce dernier d'un potentiel allègement de votre traitement... Attention toutefois à ne pas réduire votre traitement de vous-même, sans consultation et aval préalable de votre médecin. Seul ce dernier a la compétence d'envisager de réduire (ou non) votre traitement et pratiquer une approche d'auto-médication serait contre-productive, voire dangereuse pour votre santé.
Vous vous sentez mieux ? Vous allez de mieux en mieux ? Alors, parlez-en à votre médecin pour envisager ensemble une adaptation possible de votre traitement.

D'ailleurs, cerise sur le gâteau, les études ont prouvé que les effets bénéfiques du sport se confirment bien au-delà de ceux apportés par la prise d'antidépresseurs.

14. Les accords toltèques

Que votre parole soit impeccable : dans vos mots exprimés et paroles intérieures. Notre parole est notre pouvoir créateur. Nous ne devons pas l'utiliser contre nous-même ou contre autrui. Notre parole peut nous asservir ou nous libérer.

N'en faites pas une affaire personnelle : Les autres agissent en fonction d'eux, et non de nous. Leur comportement a trait avec qui ils sont, comment ils réagissent, et non avec qui nous sommes. Il ne faut pas réagir personnellement à ce que disent ou font les autres.

Ne faites pas de suppositions : Nous croyons connaître les causes et raisons des agissements d'autrui. Il serait pertinent au contraire de prendre l'habitude de poser des questions pour découvrir et comprendre. Une supposition mérite toujours d'être vérifiée avant de devenir une affirmation. Posez des questions pour combler les vides d'information ou pour éclairer des incompréhensions.

Faites toujours de votre mieux : Quelles que soient les circonstances, je choisis de faire chaque jour de mon mieux. Ce 4ème accord toltèque aide à mettre les autres en pratique.

Soyez sceptiques, mais apprenez à écouter : Ecoutez et soyez sceptique sur ce que vous entendez. Cherchez à faire votre propre avis. Quelles sont vos croyances ? Celles-ci sont-elles véritables, ou héritées de votre éducation, de votre expérience… ?

Si nous n'aimons pas ce que nous voyons, nous devons changer notre miroir. C'est ainsi qu'il convient de comprendre la partie « soyez septiques » du 5ème accord toltèque.

Nous interprétons les évènements à travers nos filtres (croyances, éducation, environnement…). D'autres personnes auront une compréhension différente de nous pour un même évènement. Si nous n'aimons pas ce que nous voyons, il nous appartient de changer notre filtre de perception et d'interprétation.

Nous interprétons la réalité de manière déformée. Les autres ne nous connaissent pas complètement, de même que nous ne les connaissons pas parfaitement ; et l'on pourrait même rajouter que personne ne se connaît intégralement.

Les autres réagissent avec leurs filtres. Nous réagissons avec notre miroir. Nous n'avons pas à juger ce que les autres disent, ils réagissent en fonction de leur propre filtre ; il en est de même pour nous.

Nous accepter et accepter les autres a pour finalité une véritable liberté et un bonheur illimité.

15. S'accorder des temps de pause

Dans nos sociétés occidentales trop fortement axées sur le faire et l'avoir, nous en oublions tout simplement d'être et d'exister.

Être attentif à soi, à ses ressentis, ses émotions, nécessite que l'on s'accorde des temps de pause, des temps d'attention à qui nous sommes et ce que nous éprouvons et ce que nous ressentons. Ces temps de pause peuvent être relativement courts, répétés, quotidiens, réguliers, plus longs, planifiés... L'idée étant de prendre un temps pour soi, pour se recentrer sur soi... Cela peut être via des exercices de respiration, tels que la pratique de la respiration abdominale, la pratique de la cohérence cardiaque, la pratique de la respiration carrée.

Je considère que la vidéo suivante et le texte en-dessous présentent bien en quoi consiste la respiration carrée et les bienfaits qu'elle vous apporte, et vous invite donc à la consulter et à pratiquer.

https://www.youtube.com/watch?v=vg__S5bVqnw

Quant à la cohérence cardiaque, vous pouvez télécharger l'application gratuite Respirelax qui vous accompagnera dans sa réalisation.

La vidéo suivante accessible sur Youtube https://www.youtube.com/watch?v=dGJkzyKHKUE vous permettra également de réaliser cet exercice facilement.

Ces exercices de respiration vont vous permettre de vous recentrer sur vous.

Il existe toutefois une multitude d'autres approches pour vous accorder des temps de pause (bien mérités d'ailleurs !). Le yoga, et des pratiques de yoga centrées – ou non – sur la respiration représentent une autre approche.

Ces moments de détente et de pause seront parfaits pour réduire l'intensité du stress et son impact sur votre corps, renforcer votre système immunitaire, développer votre intuition, adopter de meilleures décisions et ouvrir le champ de la créativité….

J'ai décidé de ne rien faire… pour me faire du bien !

16. Pratiquer la méditation pleine conscience

Il a été prouvé à maintes reprises déjà par la science que la méditation a un effet bénéfique sur le corps et le cerveau.

A titre d'exemple, nous pouvons citer les études de Richard Davidson - chercheur en neurosciences, professeur de psychologie et enseignant – qui a effectué de nombreuses recherches – notamment auprès du Dalaï Lama et de Matthieu Ricard, célèbre moine bouddhiste détenteur d'un doctorat en génétique né en France et installé au Népal.

Les études de Richard Davidson ont permis de confirmer les effets bénéfiques de la méditation sur le cerveau, modelant ce dernier notamment au niveau du cerveau limbique, qui gère – entre autres – l'apprentissage, les émotions…

Les résultats de ses recherches lui ont également permis de confirmer les effets bénéfiques de la méditation sur le système immunitaire des pratiquants, ces derniers générant d'avantage d'anticorps que les personnes non pratiquantes.

La méditation de pleine conscience a surtout été promulguée par Jon Kabat-Zinn, qui l'a introduite dans les soins cliniques à partir de 1979, avec l'optique de permettre aux occidentaux de mieux gérer leur stress, sans pour autant que ces derniers ne deviennent des adeptes assidus de la philosophie bouddhiste, dont la méditation pleine conscience (appelée également mindfulness en anglais) est issue.

Il a créé la MBSR « Mindfulness-Based Stress Reduction » en 1982.

Diverses études, que ce soient celles réalisées par Jon Kabat-Zinn, par Randolph, par Kristeller et Hallett, par Davis ou d'autres encore ont permis de démontrer les effets positifs de la méditation de pleine conscience, que cela concerne les troubles anxieux, les capacités cognitives, les troubles alimentaires, les addictions, le système immunitaire…

La méditation pleine conscience peut être pratiquée en observant un temps de pause, de repos et en étant alors concentré(e) sur les perceptions au sein de son corps.

Nous pouvons ressentir la circulation de l'air dans notre corps en percevant notre poitrine et notre ventre qui se gonflent au passage de l'air.

Nous pouvons également ressentir les éventuelles tensions présentes dans notre corps en détendant chaque partie de notre corps, en étant vigilant à nos sensations au niveau de la tête, du cou, des épaules, des bras, des mains, du thorax, du ventre, du bassin, des jambes, puis des pieds.

Prenez le temps et focalisez votre attention sur chacune des parties de votre corps, en passant progressivement de l'une à l'autre.

La méditation pleine conscience peut également être pratiquée lors de la réalisation de tâches quotidiennes.

Il s'agit alors d'être pleinement attentif à la tâche réalisée.

Il peut même s'agir d'une tâche dite peu intéressante en soi ; tel que laver la vaisselle par exemple.

L'avantage de pratiquer la méditation pleine conscience lors de la réalisation de tâches quotidiennes est que chaque journée offre de très nombreuses opportunités de pratiquer la méditation pleine conscience.

Lors de votre pause déjeuner par exemple, vous pouvez choisir d'être pleinement attentif à la mastication de chaque aliment, être à l'écoute des sensations de ce dernier dans votre bouche, voire au toucher des aliments. Être attentif au goût de l'aliment dans la bouche, à sa texture…

Je vous invite à être attentif et pratiquer cela le temps du repas.

La méditation pleine conscience permet de mieux gérer les émotions dites négatives et est reconnue pour avoir des effets bénéfiques sur le stress, l'anxiété, l'angoisse, la peur, la tristesse…. Elle permet de réduire les troubles du sommeil et de vaincre certaines insomnies. Etant plus calme et plus serein, nous sommes alors également plus bienveillant à l'égard de nous-même et d'autrui.

Elle permet d'améliorer la concentration car nous avons moins tendance à nous disperser.

Intégrer cette pratique dans notre quotidien va amplifier les bénéfices de cette dernière.

Nous pouvons trouver le moment qui nous convient le mieux dans la journée, que ce soit au moment du petit déjeuner, sous la douche, à midi, le soir, au coucher…

Si vous arrivez à l'instaurer en tant que rituel à chaque moment de la journée, il sera plus aisé pour vous d'y recourir et vous ne pourrez pas l'oublier.

Acceptez d'être souple… Si à un moment, vous n'avez pas pu ou avez simplement oublié, ce n'est pas grave. Vous pourrez le faire à un moment ultérieur dans la journée, ou simplement poursuivre votre démarche le lendemain. Acceptez la souplesse et soyez indulgent avec vous-même.

La méditation pleine conscience nous permet un retour à l'équilibre. Cette technique nous permet de gagner en sérénité, en appréciant « l'ici et maintenant », le moment présent…

Nous ne sommes pas dans le passé, à ruminer de vieilles pensées, blessures, évènements… Nous ne sommes pas non plus dans le futur, à projeter nos inquiétudes sur un hypothétique avenir… Nous sommes et apprécions pleinement et simplement le cadeau du moment présent…

Après tout, ce n'est pas pour rien que le présent s'appelle « présent »…alors apprenons à apprécier les doux cadeaux que la vie nous envoie simplement, à chaque instant.

Si vous débutez dans la pratique de la méditation, et particulièrement si vous avez un mental très fort, il peut alors vous paraître difficile d'accéder aux bienfaits de la méditation. Il n'est alors pas nécessaire de stresser, d'angoisser, voire de s'énerver (ce serait contre-productif !), mais de lâcher-prise… Ne pratiquer pas de séances trop longues, mais prenez le temps, au contraire, de cheminer et progresser dans cet apprentissage en réalisant de petites séances de 5 à 10 minutes, mais effectuées de manière régulière, sur une base idéalement quotidienne.

Vous apprendrez ainsi à créer de nouvelles connexions neuronales dans votre cerveau, qui se renforceront avec votre pratique, et vous permettront d'accéder progressivement à une meilleure maîtrise de cette pratique et ainsi à une amplification de ses bienfaits.

17. Pratiquer la méthode loving-kindness

La méditation loving-kindness est une pratique de méditation organisée en 4 étapes :

- La 1ère étape de la méditation loving-kindness consiste dans le fait de penser à une personne que nous aimons et de ressentir toutes les émotions d'amour, de tendresse, de reconnaissance, de gratitude… que nous éprouvons à son égard. Cette première étape nous invite à bien ressentir en nous toutes ces émotions positives que nous éprouvons à l'évocation de cette personne qui nous est chère. Avant de passer à la seconde étape, il convient de bien conserver en soi, à l'esprit, dans notre corps toutes ces émotions, sensations et ressentis positifs dans lesquels nous baignons à l'évocation de cet être cher.

- Dans le cadre la 2e étape de la méditation loving-kindness, il convient d'évoquer à son esprit une personne que nous connaissons peu et pour laquelle nous entretenons des sentiments neutres. Cette méditation nous invite alors à transposer les émotions et sentiments que nous avons ressentis au cours de la première étape pour les transposer auprès de cette personne. En clair, il convient que nous nous imaginions ressentir exactement les mêmes émotions d'amour, de compassion, de gratitude, de tendresse, de reconnaissance envers cette personne que nous connaissons peu et envers laquelle nous éprouvons des sentiments neutres, que ceux que nous venons d'éprouver et ressentir envers la personne que nous aimons d'un amour sincère et profond.

- La 3ᵉ étape de cette méditation va nous permettre d'aller un peu plus en profondeur dans cette exploration de nos sentiments d'amour, dans le sens où elle nous invite à ressentir ces mêmes émotions d'amour, de compassion, de tendresse, de gratitude, de reconnaissance envers une personne que nous apprécions guère. Nous devons baigner dans ces mêmes sentiments d'amour intense et inconditionnel envers cette personne alors qu'habituellement nous éprouvons plutôt des sentiments négatifs de plus ou moins forte intensité à son égard. Certes, cela n'est pas un exercice facile. Il nécessite un peu de pratique et d'entraînement.

- La dernière étape de cette démarche méditative nous invite à ressentir et éprouver tous ces sentiments d'amour envers tous les êtres de la terre.

Si cette approche peut vous paraître quelque peu surprenante, il convient toutefois d'en noter et apprécier avec plaisir, voire surprise, les bienfaits qu'elle comporte quant au sentiment de satisfaction et de bonheur dans la vie qu'elle procure.

Barbara Fredrickson a d'ailleurs étudié en 2008 les impacts de la méditation Loving-kindness, et a pu constater les multiples bienfaits que cette dernière procurait à ses pratiquants, qu'il s'agisse de sentiment d'intégration et d'appartenance à un groupe, d'amélioration des interactions interpersonnelles, d'accroissement du niveau de créativité de ses pratiquants - qui déploient ainsi leur champ des possibles quant à leurs capacités de résolutions de problèmes.

Le bien-être des pratiquants s'en trouve nettement amélioré, avec un sentiment de bien-être et des pensées et comportements plus positifs.

18. Prendre la responsabilité de sa météo intérieure

Nous avons souvent tendance à blâmer notre environnement, les autres, pour les émotions dites négatives que nous ressentons (colère, peur, tristesse…).

Si nous souhaitons réussir à nous départir de ces émotions qui affectent notre psychisme, notre corps, nos potentialités … il nous appartient alors de reconnaître et accepter que les autres ne sont pour rien dans notre ressenti et qu'il est alors de notre responsabilité de changer notre humeur et nos pensées.

Le regard que nous portons sur les évènements et sur autrui nous appartient. C'est un regard biaisé par nos différents filtres, qui nous fait voir le monde à travers des lunettes d'une couleur et d'une teinte spécifiques et qui nous sont propres.

Ainsi, il ne sera pas rare de constater que dans une même situation une personne pourra se sentir affectée, chagrinée embêtée, attristée alors qu'une autre personne - exactement dans la même configuration - éprouvera des émotions et sentiments totalement neutres. Ceci confirme bien que notre regard sur les situations et évènements est subjectif.

Il m'appartient, si je souhaite me libérer de ces sentiments qui vont puiser mon énergie, de décider alors de reprendre la maîtrise de mes émotions.

Ceci passe tout d'abord par le fait de les accepter, de comprendre le message qu'elles cherchent à me véhiculer quant à l'atteinte que j'ai pu ressentir à l'égard de mes valeurs, et il m'appartient alors de faire le choix de les libérer pour revenir à mon niveau d'équilibre émotionnel.

Nous avons tous en nous des parts d'ombre et des parts de lumière. C'est à nous qu'incombe le fait de choisir laquelle de ces deux parts nous allons nourrir. C'est notre choix, c'est notre responsabilité. Personnellement, et même si c'est parfois difficile et compliqué de sortir de ces émotions négatives qui nous emprisonnent, qui nous enchaînent…

Je fais le choix d'essayer de nourrir bien davantage ma part de lumière.

19. Pratiquer le lâcher-prise

Le lâcher prise ?... Ce n'est pas une mince affaire !

Nous nous accrochons à nos problèmes, à nos ruminations, à notre souhait de perfection de contrôle, de maîtrise... Ils nous envahissent au point que notre mental, nos pensées prennent alors le contrôle sur nous.

Lâcher prise signifie se détacher de tout cela, prendre du recul.

S'il peut demeurer difficile à mettre en œuvre parfois – bien que la technique en demeure extrêmement simple ! – le lâcher prise n'en demeure pas moins un outil de libération aux vertus exceptionnelles !

D'ailleurs, le dictionnaire Larousse définit le lâcher prise comme un

« Moyen de libération psychologique consistant à se détacher du désir de maîtrise. ».

Vous avez des difficultés à lâcher prise ?...

Que cela ne tienne !...

J'ai le remède idéal pour vous !

Une question... Une simple petite question à vous poser... « Une question ?! » me direz-vous ?

Oui, une question à se poser dont je trouve les bénéfices remarquables et qui est la suivante « **Est ce que j'y repenserai dans 5 ans ? »....**

À chaque fois la réponse est « non ».

C'est un outil au pouvoir phénoménal pour m'aider et vous aider à lâcher prise en un rien de temps.

Vous pouvez bien entendu étendre la durée à 10 ans, 20 ans, voire davantage... Mais à quoi bon ?... Dans 6 mois - et même bien avant – vous aurez déjà oublié tout cela !

Alors, pour quelle raison vous faire du mal aujourd'hui à ressasser et vous accrocher à cette situation ?

On est un peu masochiste, quand même !

Les différentes techniques et approches partagées dans ce livre vous accompagneront dans votre démarche de lâcher prise.

En plus de cette question au pouvoir radicalement magique que je viens de vous partager, vous pouvez ainsi choisir parmi une voire plusieurs des techniques présentées dans ce livre et adopter différentes approches pour vous accompagner et renforcer votre capacité à lâcher prise.

Vous pouvez opter par exemple pour une petite (ou plus longue !) séance de méditation en pleine conscience et de focalisation sur votre respiration (cohérence cardiaque, respiration carrée...) !

A vos marques !... Prêt ?... Respireeeeeez et lâchez !

20. Prendre 3 grandes respirations avant de parler et/ou agir

Une des techniques pour chasser les émotions négatives et retrouver son équilibre avant de parler et/ou d'agir peut consister dans le fait de prendre 3 grandes et profondes respirations.

Le fait de respirer profondément va permettre à votre corps de prendre pleinement sa place, aux énergies bloquées de circuler et à votre système nerveux de revenir à un état de calme.

Vous avez la possibilité d'inspirer profondément sur 5 secondes. Laissez l'air entrer en vous. Inspirez lentement et sentez l'air circuler dans votre corps. Vous sentez votre thorax se gonfler, votre ventre gonfler…

Vous pouvez retenir votre respiration sur 5 secondes.

Ensuite, vous pouvez expirer en prenant également un temps de 5 secondes.

Sentez l'air circuler dans votre corps, et votre ventre se dégonfler. A la fin de l'expiration, maintenez un temps de pause de 5 secondes.

Vous pouvez recommencer cette respiration à nouveau deux fois, voire davantage si vous sentez que vous en avez le besoin pour un retour au calme complet.

Une méthode plus simpliste peut être de d'inspirer sur 5 secondes, et expirer ensuite sur 5 secondes, sans temps de pause entre chaque inspiration et expiration.

Vous trouverez le type de respiration qui vous convient le mieux.

Cette méthode centrée sur la respiration, en ventilant le corps et le cerveau, permet un retour au calme rapidement.

Cette technique est utile en cas de stress, colère, angoisse, tristesse…

21. Etablir de nouvelles habitudes positives

Il n'est pas facile d'adopter et d'ancrer en nous de nouvelles habitudes.

Il a d'ailleurs été établi qu'il fallait un minimum de 21 jours - mais cela peut être également davantage ; 30 jours voire plus - pour adopter de nouveaux comportements et de nouvelles habitudes.

C'est le Dr Maxwell Maltz, spécialisé en chirurgie plastique et auteur du best-seller « Psycho cybernétique », qui a constaté dans les années 1960 que ses patients mettaient un minimum de 21 jours pour s'adapter à leur nouvelle apparence physique.

La théorie du docteur en neurosciences Paul Winner affirmera quant à elle qu'il faut entre 22 et 30 jours pour créer de nouvelles voies neuronales, d'autres études ultérieures élargiront encore cette durée de temps requise pour créer de nouvelles habitudes

Aussi, si les différentes études existantes sur ce point ne convergent pas nécessairement vers la même information concernant la durée requise pour adopter une nouvelle habitude, il convient toutefois le constater qu'elles convergent toutes sur la nécessité de répéter un acte dans la durée pour pouvoir le confirmer en nouvelle habitude acquise.

A vrai dire, l'apprentissage d'une nouvelle habitude dépend de trois facteurs :

- Les caractéristiques mêmes de la nouvelle habitude à installer

- La méthodologie qui sera adoptée pour réussir l'apprentissage de cette nouvelle habitude

- L'assiduité et la régularité dans l'application de cette méthodologie

Une méthode très simple et particulièrement efficace pour adopter de nouvelles habitudes consiste à la fois à commencer petit, en commençant par une habitude à la fois - pas forcément trop exigeante en termes de changement et implication de notre part - histoire d'y aller crescendo et d'augmenter progressivement l'effort requis – et de coupler sa réalisation à la pratique d'une habitude qui est déjà bien ancrée en nous.

Je m'explique : par exemple, je peux décider de pratiquer 10 min de yoga (d'ailleurs, la pratique de 10 minutes de yoga des 5 tibétains peut très facilement être mise en œuvre au quotidien) et décider de coupler la réalisation quotidienne de ces 10 minutes de yoga à la prise de mon petit déjeuner, qui sera effectuée à la suite de cette petite activité sportive matinale.

Ainsi j'ancre en moi progressivement la réalisation de ma petite activité sportive de yoga, suivie par la suite de la prise de mon petit-déjeuner.

Par cette approche, je crée une nouvelle habitude que j'associe à une routine déjà bien établie.

Songez à définir précisément votre objectif concernant cette nouvelle habitude à acquérir. Ce dernier se doit d'être SMART, acronyme correspondant à :

- **S** : Spécifique
- **M** : Mesurable
- **A** : Acceptable/Atteignable
- **R** : Réaliste
- **T** : Temporellement défini

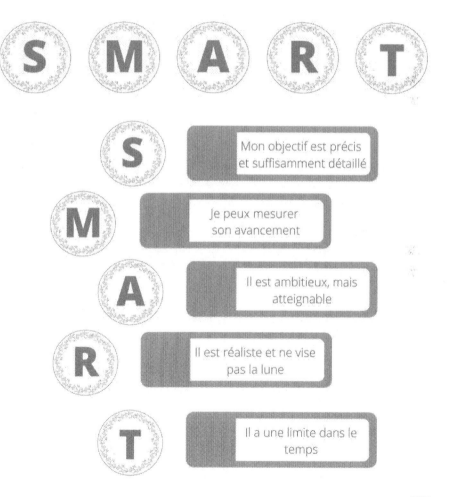

22. Le modèle de Brooke Castillo

Nous agissons au quotidien en fonction de nos émotions. Nos actes sont guidés par nos émotions, sans que nous en ayons forcément conscience.

Le modèle de Brooke Castillo invite à passer en revue un évènement qui a suscité de l'émotion en nous au travers du tamis suivant, et de décrire :

- **Les circonstances :** Il s'agit ici de décrire les faits de la manière la plus neutre et factuelle possible, sans émettre aucun jugement ou critique.

- **La pensée :** Nous indiquons ensuite la pensée que nous avons à l'évocation de cette circonstance.

- **L'émotion :** Nous indiquons alors l'émotion que nous ressentons à l'évocation de cette pensée.

- **L'action :** Nous décrivons l'action que nous allons réaliser suite au ressenti de cette émotion. (Ex : je ressens de la nervosité et de la colère et agis en étant agressif envers autrui).

- **Le résultat :** Quelle est le résultat obtenu suite à la réalisation de cette action ?

Ce modèle permet de décortiquer nos schémas de fonctionnement à la lecture de nos pensées, émotions et actions.

Notre compréhension de nos comportements est ainsi affinée et nous permet de prendre conscience de nos ressentis face à certaines circonstances et donc d'avoir la possibilité et de faire le choix de changer nos réactions face à cette circonstance.

Aujourd'hui, je décide de décortiquer une situation et de définir comment je la fais finalement évoluer vers un résultat meilleur.

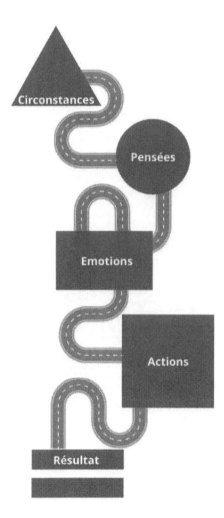

Je passe une situation au tamis.

Si je réagis négativement...

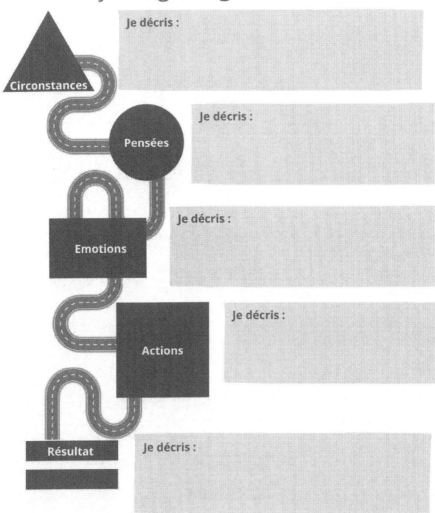

Circonstances — Je décris :

Pensées — Je décris :

Emotions — Je décris :

Actions — Je décris :

Résultat — Je décris :

Je passe une situation au tamis.

Je réagis positivement, et ça change tout...

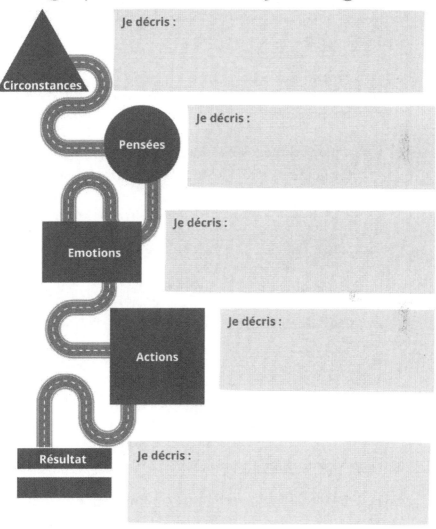

Circonstances — Je décris :

Pensées — Je décris :

Emotions — Je décris :

Actions — Je décris :

Résultat — Je décris :

23. Agir

Une fois que nous avons pris la résolution, nous rencontrons généralement les plus grandes difficultés à agir.

Plusieurs obstacles peuvent se mettre sur notre chemin de l'action :

- La peur de l'échec

- La peur du regard des autres

- La peur de réussir (à cause – notamment – de tous les changements que cela impliquerait pour nous)

- La peur de sortir de notre zone de confort

- Le manque de confiance en nous

- Le manque d'estime de nous

- Notre désir de perfection

- ….

Aussi, souvent, il convient de s'atteler à agir tout de suite en évitant d'entrer dans une démarche de réflexion, où mille et une pensées vont venir nous assaillir et nous démontrer qu'il est inutile de tenter quoi que ce soit.

Nous trouverons toujours mille et une excuses pour nous empêcher d'agir, alors évitons de donner du temps et l'opportunité à ces pensées de se manifester et agissons immédiatement.

Bien sûr, je parle d'actions généralement peu engageantes, et qui ne méritent pas une très grande réflexion avant prise de décision.

24. Se faire plaisir

Nous sommes tellement pris par le stress de la vie quotidienne, tant sollicités par nos diverses obligations, tant obnubilés par toutes les petites tâches que nous avons à réaliser, que très souvent nous en oublions d'apprécier les simples petits plaisirs de la vie.

Se faire plaisir, ça commence tout simplement par apprécier l'instant présent, ce moment de la vie qui est unique, qui nous appartient, qui n'a jamais existé tel qu'il se présente à l'instant et qui plus jamais ne se présentera ainsi dans l'avenir. Cet instant, ici maintenant, est le cadeau que la vie nous offre ; il est son présent. Sachons l'apprécier en pleine conscience, le vivre avec sérénité, gratitude et apprécier tout ce qu'il nous apporte et nous inspire. Cela peut être de noter la douceur de la mousse de ce cappuccino, la saveur sucrée de cette boisson chocolatée, la douceur sucrée plus enveloppante de cette duchesse à la vanille… Ce peut être aussi d'apprécier cette chaleureuse étreinte, ce doux câlin, sentir l'odeur de mon enfant lorsque je l'embrasse, « renifler » discrètement son odeur enfantine et m'en imprégner…

C'est aussi peut-être de regarder les nuages avancer doucement dans le ciel lorsque je marche dans la rue, regarder les couleurs éclatantes de cette fleur qui éclôt, l'écorce de cet arbre ancré dans le sol, plusieurs fois centenaires et au pied duquel je m'installe déjeuner en plein air.

C'est peut-être également la douce vibration des mots, à la lecture de ce livre.

Cela peut-être aussi ce regard pétillant et ce sourire éclatant et sublime qui illumine ce visage.

Voilà parmi la multitude de présents que nous offre la vie, auxquels nous pouvons faire le choix dès aujourd'hui de porter notre attention.

Se faire plaisir peut aussi passer par m'offrir enfin cette jolie robe d'été aux couleurs chatoyantes repérée en vitrine ce début d'été, ou bien m'inscrire à cet atelier photo dont je rêve tant depuis quelques mois…

La vie n'est pas et ne doit pas être qu'une vie de contraintes.

La vie c'est le chemin que nous parcourons et la destinée que nous nous traçons.

Il est important de nous faire plaisir pour que notre chemin, malgré les cailloux que nous rencontrons, s'emplisse de petites fleurs colorées et chatoyantes qui nous donneront l'envie au quotidien de les apprécier et l'impulsion nécessaire pour parcourir cette voie - à découvrir et créer - qu'est notre vie.

25. Savourer chaque victoire

Trop souvent, nous focalisons sur nos imperfections, ce que nous avons raté, nos échecs... Nous aurions pu faire mieux... C'est peut-être le cas, mais pas forcément ...

Mais quand nous arrive-t-il d'apprécier ce que nous avons fait de bien ? Quand nous arrive-t-il de reconnaître que nous avons bien agi, bien travaillé, bien réagi ou je ne sais quoi encore ?... Le champ peut être vaste...

Quand nous arrive-t-il d'apprécier que nous avons cuisiné un excellent repas, peint une belle peinture, réalisé une belle œuvre, bien avancé sur notre projet... ?

Nous sommes généralement très forts pour identifier et reconnaître nos faiblesses et nos échecs. Par contre, quand il s'agit d'identifier nos qualités, nos forces, nos compétences et nos réussites... très souvent, nous rencontrons bien des difficultés...

Alors, aujourd'hui, apprenez à reconnaître et apprécier vos qualités, vos compétences, vos forces et vos succès.

Et quoi de mieux pour cela que de lister dès à présent quelques-uns des succès que nous avons eus et de savourer pleinement que nous en étions à l'origine, que rien ne serait arrivé sans nous, que nous avons eu la force de réussir ces petits et/ou grands projets ?

J'écris mes petits et grands succès !

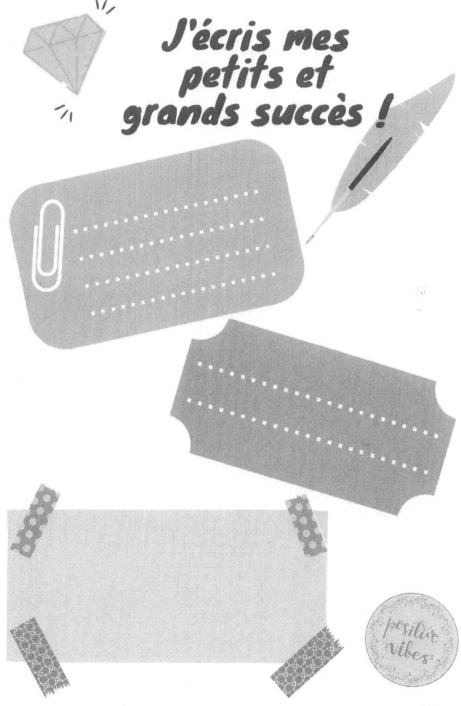

J'écris mes petits et grands succès !

26. Pratiquer la gratitude

De nombreuses études confirment les bienfaits de la gratitude. On en dénombre pas moins de plusieurs dizaines (plus de 50).

On peut citer à titre d'exemple une étude réalisée en 2003 par Robert Emmons et Mike McCullough, qui a mis en évidence les bienfaits de la tenue d'un journal de gratitude.

Le fait de pratiquer la gratitude va renforcer l'attention que nous portons aux doux moments de la vie, aux évènements, à autrui…

Ainsi, tel qu'en attestent les différentes études ; la gratitude, en amplifiant le bonheur ressenti, va avoir des bénéfices certains au niveau de :

- **Notre physiologie :** renforcement de notre système immunitaire, meilleure tension artérielle, sommeil réparateur et absence d'insomnies…

- **Notre psychologie :** une vision de la vie plus positive, une réduction des troubles anxieux et dépressifs, une meilleure résilience…

- **Notre sociabilité :** une plus grande ouverture aux autres, davantage d'empathie, une meilleure acceptation de la personnalité d'autrui, davantage de partage et d'entraide…

D'un point de vue physiologique, la gratitude stimule la sécrétion de dopamine. Cette dernière - habituellement sécrétée par l'intestin - va alors être également sécrétée par le tronc cérébral. Cette sécrétion additionnelle de dopamine va influer et augmenter notre niveau de motivation, la dopamine en étant le neurotransmetteur.

Pratiquer la gratitude va également stimuler la sécrétion de sérotonine via le cortex. A l'instar de la dopamine, la sérotonine est également habituellement sécrétée par l'intestin (à hauteur de 85% d'ailleurs). Cette sécrétion additionnelle va influer sur votre niveau de sérénité et accroître votre sentiment de bien-être.

Exprimez la gratitude envers les cadeaux que vous offre la vie, pensez à être reconnaissant chaque jour des bienfaits que celle-ci vous apporte et pensez à remercier.

Si vous rencontrez des épreuves, songez que ces dernières vous permettent de cheminer vers une meilleure version de vous-même. Même si cela vous paraît difficile, vous pouvez ainsi exprimer de la reconnaissance et gratitude envers ces occasions qui se présentent sur votre chemin et choisir de les considérer comme des opportunités d'évolution, plutôt qu'en tant que difficultés qui vous minent le moral.

En plus, le fait de pratiquer 10 minutes de gratitude quotidiennement permettra à votre corps de sécréter de l'immunoglobuline A, une protéine qui assure la fonction d'anticorps.

Cette protéine assure un rôle fondamental dans la défense de l'organisme contre les agressions extérieures.

Ainsi, pratiquer régulièrement la gratitude, va permettre à votre corps de sécréter l'immunoglobine A, et donc d'augmenter vos défenses immunitaires !

C'est magique (ou presque) ! ... Vous remerciez la Vie et elle vous le rend en retour !... De biens des façons d'ailleurs...

Donc, la gratitude n'est pas une attitude mentale visant à exprimer par des mots une gratitude qui n'en portera que le nom. C'est une démarche beaucoup plus profonde qui agit sur votre corps physique, sur votre santé, sur votre sérénité...

Profitez des bienfaits de la gratitude... Ces derniers sont multiples, illimités, et quelques minutes suffisent !

Vous pouvez exprimer de la gratitude à différents moments de votre journée ; que ce soit au lever pour remercier la vie pour cette belle journée qui commence, remercier pour ce bon café chaud, être reconnaissant d'avoir un foyer pour votre famille...

Ce peut être dans la journée, pour remercier de la belle complicité que vous partagez avec vos collègues, de cette pause déjeuner autour d'un repas pris avec un(e) ami (e)...

Ce peut être également le soir, pour être reconnaissant de la joie et du dynamisme de vos enfants, de votre relation avec votre conjoint, de l'amitié que vous offrent vos amis...

Le meilleur moment est Ici et Maintenant, à chaque instant...

Sachez remercier ces petits présents que vous offre la vie, et auxquels nous ne faisons très souvent même plus attention.

> *« Quand vous prenez conscience que rien ne manque, le monde entier vous appartient. »* Lao Tseu

Apprécier la vie et ses différentes facettes changera votre perception de votre environnement et vous porterez un regard de douceur sur votre monde.

GRATITUDE

Je suis reconnaissant(e) pour :

○ _____

○ _____

○ _____

○ _____

○ _____

○ _____

Je remercie ces personnes, car :

_____

_____

_____

_____

_____

GRATITUDE

Je suis reconnaissant(e) pour :

_____

_____

_____

_____

_____

_____

Je remercie ces personnes, car :

_____

_____

_____

_____

_____

27. Faire des compliments

Et si votre capacité à faire des compliments pouvait prédire le succès dans votre entreprise, la longévité de vos relations sociales, et même la longévité de votre couple ?

Non, ce n'est pas la méthode prédictive de Madame Irma !

En 1994, au travers d'une étude réalisée sur des couples, le professeur John Gottman a évalué l'impact des compliments que se faisaient mutuellement chaque membre du couple. Il s'est rendu compte que lorsque les personnes faisaient plus de compliments que de critiques, la longévité de leur relation de couple se confirmait dans le temps. A contrario, les couples qui se faisaient davantage de critiques que de compliments avaient généralement tendance à se séparer au bout d'un certain temps.

Le professeur John Gottman en est arrivé à définir un ratio de 5/1, ce qui signifie un ratio de 5 compliments pour 1 critique.

Comment vous situez-vous dans votre relation de couple ?
Dans vos autres relations interpersonnelles ?

Bonne question !...

Mais alors pour quelle raison est-il nécessaire d'avoir ce ratio 5 fois plus élevé en faveur des compliments ? Pourquoi un ratio de 1/1 ne suffirait-il pas ?

Après tout, ne peut-on pas partir de l'idée qu'un compliment unique suffira bien à annuler la critique ?

Eh bien non ! Ceci étant encore lié à notre cher mental ! Et oui ! Les nombreuses études faites en psychologie démontrent que le négatif a tendance à l'emporter sur le positif. Nous retenons bien davantage les paroles, les pensées, les comportements, les événements négatifs … que leurs pendants positifs !

Si vous avez des difficultés à atteindre le ratio de 5/1, sachez que les autres études ont confirmé en tous cas qu'il ne fallait pas descendre en dessous du ratio de de 3/1 (2,9/1 pour être plus exact). C'est ainsi que le ratio de Losada s'établit à 3/1, qui apparaît alors comme le minimum à atteindre et la référence.

La prise en compte de ce ratio s'applique à l'ensemble de nos relations interpersonnelles. Ainsi, si la prise en considération de ce ratio s'applique dans votre relation de couple, elle s'applique également dans votre relation avec vos enfants, votre famille vous amis et votre environnement professionnel.

Vous souhaitez entretenir de bonnes relations de longue durée avec autrui ?... Qu'à cela ne tienne !

28. Atteindre l'état de flow

L'état de flow ? Quesako ?

L'état de flow est une expérience qui a été décrite par Mihaly Csikszentmihalyi, psychologue hongrois vivant aux Etats-Unis.

Si vous avez déjà été absorbé par une tâche au point d'en oublier votre environnement, d'être totalement absorbé parce que vous faites, de ne plus entendre votre enfant ou votre conjoint(e) qui vous parle, d'oublier l'heure qui passe (au point d'en oublier votre train si vous en aviez un !) ...alors vous avez déjà vécu une expérience de flow !

Le flow est cet instant quasi magique où plus rien n'existe, où le temps semble s'arrêter. Vous êtes totalement absorbé à ce que vous faites au point d'en oublier l'environnement. Vous n'avez plus la notion du temps qui passe.

Mihaly Csikszentmihalyi a étudié des milliers de personnes et la plupart ont décrit leurs plus grands instants de bonheur comme des expériences de flow.

L'état de flow peut se décrire comme un état de sérénité, de concentration intense, au point d'être inconscient du temps qui passe et de son environnement.

Attention à ne pas confondre l'état de flow avec un moment d'intense concentration. En effet, lorsque vous faites votre déclaration d'impôts, votre comptabilité, vos comptes personnels, vous pouvez être très concentré de sorte à ne pas vous tromper mais cela n'en est pas pour autant un état de flow. Je conçois que vous puissiez aimer manipuler les chiffres, éprouver une certaine satisfaction une fois le devoir de déclaration d'impôts accompli ; de là à en éprouver une joie intense ?! … J'en doute !

L'état de flow peut être vécu au travers d'une activité créative, mais pas que…

Il peut également être vécu au travers d'une expérience requérant une grande concentration et qui va nous permettre de nous challenger, d'accroître nos compétences en « travaillant » sur un sujet qui nous passionne et sur lequel nous souhaitons augmenter nos connaissances.

Nous vivons alors un moment intense de sérénité, de joie, de bonheur, d'accomplissement… et en redemandons encore !

La joie est en tout, il faut savoir l'extraire.

Confucius

29. Lire des livres de développement personnel

Il peut arriver dans la vie de chacun des périodes où nous avons le sentiment d'avoir des difficultés à remonter la pente.

Dans ce cas-là, nous ne devons pas hésiter à nous faire accompagner.

Nos lectures peuvent être un élément moteur pour nous aider à rebondir.

Ainsi, j'ai souvenir d'une période où je ne comprenais pas ce qui m'arrivait.

Je suis une personne positive. Pour autant, il fut une période où j'avais le sentiment de m'enliser ; je n'arrivais pas à me lever malgré mes 12 heures de sommeil, je n'arrivais pas à faire le ménage, je n'avais le goût à rien et ne comprenais pas ce qui se passait.

Je n'étais pas négative, je n'avais pas de pensée négative… Mais je n'arrivais pas à faire le minimum… et je ne parle même pas de ce qui est d'avancer dans la vie !

Je lus alors, par hasard (mais il n'y a pas de hasard) ; « Le bonheur d'être soi » de Moussa Nabati.

Je m'attendais à un livre sur le bonheur, la joie… Certes ; mais pour atteindre ce bonheur, qui est en soi, le livre parle surtout de découvrir et soigner avant tout la dépression de l'enfant intérieur ! Je ne m'attendais pas à une telle lecture... Elle fut révélatrice et libératrice... Elle m'a alors servi de tremplin pour rebondir. J'ai alors compris ce qui m'arrivait... Je faisais une dépression... Si une personne m'avait dit que je faisais une dépression, je ne l'aurais jamais crue. Je suis une personne positive, je ne vois pas les choses en noir, je ne broie pas du noir, je n'ai pas de pensée négative... Oui, mais où est la joie dans ma vie ? En quoi est-ce que je crée des moments de plaisir et bonheur dans ma vie ? C'est alors que j'ai décidé de mettre quotidiennement dans ma vie des petites touches (toutes petites) de plaisir et de joie pour remonter la pente et être plus en phase avec qui je suis. Cette dépression n'aura duré que 3 mois et tant mieux, car j'ai alors utilisé la lecture de ce livre comme un trampoline pour rebondir... lentement, progressivement, mais sûrement.

30. Consulter si besoin

Une amie à qui je racontais la période que je venais de traverser et la compréhension que j'en avais eu de manière tout à fait inattendue et radicale d'ailleurs, m'a alors indiqué avoir traversé une dépression et avoir pris des antidépresseurs durant une année. Elle m'a conseillé de faire de même. J'ai alors ressenti que je n'en avais pas besoin ; que la lecture du livre et ma motivation personnelle à sortir de cette situation embourbée étaient suffisantes pour me permettre de rebondir.

Je ne souhaitais pas donner à mon corps et mon esprit des médicaments dont je pouvais me passer.

Je n'éprouvais pas non plus le besoin d'être accompagnée par un psychothérapeute pour avancer sur cette voie.

Toutefois, il se peut que vous ayez besoin d'être accompagné(e) par un thérapeute, psychologue, psychiatre ou autre… Il est possible aussi que ce même thérapeute estime nécessaire un accompagnement thérapeutique médical.

Il n'y a aucune honte à se faire accompagner. A ceux qui verraient dans cette démarche un acte de faiblesse, je vous invite plutôt à y voir un acte de courage ; le fait d'accepter d'être accompagné(e) par un thérapeute de confiance, à qui vous allez vous livrer, livrer vos imperfections, vos difficultés… en toute transparence.

Je n'hésite pas à me faire accompagner par différents thérapeutes, sur les thématiques pour lesquelles j'ai besoin d'aide, lorsque j'en ressens le besoin.

En regardant passer les trains, nous laissons s'enfuir notre destin.

Jacques Séguéla

Conclusion

Dans cet ouvrage, j'espère que vous avez découvert et compris plein d'informations sur la pensée positive.

En effet, plusieurs études, couvrant différents domaines, ont prouvé les bienfaits de la pensée positive sur la santé, les émotions et l'esprit.

La pensée positive impacte l'ensemble des composantes de notre vie : santé, relations sociales (familiales, professionnelles, amicales), notre réaction à l'environnement...

Vous savez désormais que les personnes positives ont généralement un meilleur système immunitaire et présentent donc un risque moindre de maladies infectieuses.

Elles présentent également un risque moindre de troubles : neurologiques, alimentaires...

Par son impact bénéfique quant au niveau de stress, la pensée positive permet également de réduire les risques de maladies cardiovasculaires ou de cancers.

Les personnes positives bénéficient donc généralement d'une meilleure santé et par conséquent, d'une plus grande longévité.

Mais non seulement les personnes optimistes vivent-elles plus longtemps, mais elles vivent également mieux ; moins chahutées qu'elles sont par les émotions dites négatives que ressentiront les personnes moins positives qu'elles.

La pensée positive, au-delà d'avoir des effets positifs mesurables sur la santé, a également des effets mesurables sur les émotions et l'esprit.

En effet, le fait de regarder et d'appréhender les évènements de manière positive induit une meilleure régulation et donc une meilleure gestion des émotions liées aux événements.

Mais la ré-évaluation s'apprend et avec de l'entraînement et des efforts, nous pouvons tous adopter des schémas de pensées et de raisonnements positifs.

Nous avons la capacité de modeler et façonner notre cerveau, en attestent la neuroplasticité de ce dernier et les recherches faites en neurosciences. La pensée positive peut induire des modifications mesurables et observables au niveau de ce dernier.

Ainsi, il nous appartient de le modeler dans le sens d'un meilleur bien-être et épanouissement.

Une personne positive a davantage d'estime pour elle-même et de confiance en elle. Elle entretient des relations plus harmonieuses avec son entourage.

Elle est moins stressée, plus sereine et sait davantage prendre du recul.

Une personne positive a davantage de facilités à accéder et exprimer pleinement son plein potentiel, étant davantage en capacité de solliciter l'intégralité de ses ressources personnelles et de ses capacités.

Mais pour être positif et heureux, les études démontrent que tout part de nous. Notre façon de voir et vivre les évènements va grandement influer sur notre propension au bonheur.

Comme le dit Barbara Fredrickson, 40% de notre bonheur dépend intégralement de nous-même.

Aussi, la poursuite de valeurs et objectifs intrinsèques permet d'accéder plus durablement au bonheur que la poursuite d'objectifs extrinsèques. C'est bien le bonheur qui mène à la réussite, et non l'inverse.

Mais pour bénéficier pleinement des multiples bienfaits de la pensée positive, il est nécessaire d'adhérer pleinement à son processus (je pense, je visualise, je ressens sensations physiques et émotions).

Et ainsi, la pensée positive vous ouvrira alors le champ des possibles et vous permettra d'effectuer des prises de décisions et des choix beaucoup plus centrés et alignés.

Elle nous permet d'atteindre un véritable épanouissement et développement de notre pouvoir personnel, nous permettant de décupler notre créativité et identifier des solutions originales aux problématiques rencontrées.

Si ce livre aura pu vous éclairer sur les bienfaits de la pensée positive, j'espère surtout qu'il aura su vous insuffler cette étincelle de positivisme, cette lumière qui vous accompagnera sur ce chemin pour révéler enfin la magie qui sommeille en vous !

Nous sommes les maîtres de notre bonheur !

Je vous souhaite d'être maître du vôtre !

L'avenir m'intéresse, car c'est là où j'ai l'intention de passer le reste de ma vie.

Woody Allen

Remerciements

Cher lecteur, chère lectrice,

Je vous remercie d'avoir choisi de lire ce livre.

J'espère que par mes mots, j'aurai su vous apporter l'étincelle qui aura permis d'allumer votre Lumière.

J'espère que par mes partages, j'aurai su éclairer le chemin que vous allez parcourir.

J'espère que par mon Amour et ma Gratitude, j'aurai su créer une bulle d'énergie positive autour de vous et sur votre chemin.

Vous avez la possibilité de me suivre et d'obtenir d'autres partages encore en me suivant sur les réseaux sociaux ou sur mon site web :

Instagram :
https://www.instagram.com/paradigmedespossibles/?hl=fr

FB : https://www.facebook.com/ParadigmeDesPossibles

Site web : http://www.paradigmedespossibles.com

Vous pouvez également me contacter par mail à contact@paradigmedespossibles.com.

N'hésitez pas à me partager vos commentaires, que ce soit sur votre site d'achat du présent ouvrage, sur les réseaux sociaux ou par mail ; je prends connaissance de chacun de vos retours.

Je vous remercie d'avoir lu ce livre, et s'il vous a plu, je vous invite à le partager et le prêter autour de vous.

Je vous dis à bientôt pour la suite de nos aventures…

Ce n'est, je l'espère, qu'un au revoir…

Avec toute ma Gratitude et ma Reconnaissance.

Vous aimerez sûrement

Si vous avez aimé ce livre, vous aimerez sûrement celui-ci :

Printed in France by Amazon
Brétigny-sur-Orge, FR

13851911R00083